Human Resource
Development and Management in
Public Institutions

事业单位人力资源开发与管理

薛晓辉 ◎ 著

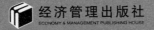

经济管理出版社
ECONOMY & MANAGEMENT PUBLISHING HOUSE

图书在版编目（CIP）数据

事业单位人力资源开发与管理/薛晓辉著 . —北京：经济管理出版社，2023.5
ISBN 978-7-5096-9050-5

Ⅰ. ①事…　Ⅱ. ①薛…　Ⅲ. ①行政事业单位—人力资源管理—研究—中国　Ⅳ. ①D630.3

中国国家版本馆 CIP 数据核字（2023）第 093976 号

组稿编辑：申桂萍
责任编辑：申桂萍
助理编辑：张　艺
责任印制：许　艳
责任校对：蔡晓臻

出版发行：经济管理出版社
　　　　　（北京市海淀区北蜂窝 8 号中雅大厦 A 座 11 层　100038）
网　　址：www. E-mp. com. cn
电　　话：（010）51915602
印　　刷：北京晨旭印刷厂
经　　销：新华书店
开　　本：720mm×1000mm/16
印　　张：11
字　　数：173 千字
版　　次：2023 年 6 月第 1 版　　2023 年 6 月第 1 次印刷
书　　号：ISBN 978-7-5096-9050-5
定　　价：68.00 元

目　录

第一章 绪论

第一节 研究背景

党的十八大以来，在中国共产党的正确、全面、坚强领导和全国各族人民共同奋斗下，中国特色社会主义进入新时代，顺利完成脱贫攻坚、全面建成小康社会的历史任务，实现了第一个百年奋斗目标。党的二十大报告提出，从现在起，中国共产党中心任务就是团结带领全国各族人民全面建成社会主义现代化强国、实现第二个百年奋斗目标，以中国式现代化全面推进中华民族伟大复兴。习近平总书记在欧美同学会成立100周年庆祝大会上指出，"致天下之治者在人才"。人才是衡量一个国家综合国力的重要指标，没有一支宏大的高素质人才队伍，全面建成小康社会的奋斗目标和中华民族伟大复兴的中国梦就难以顺利实现。

事业单位是我国独有的、公益性的组织机构形式，承担着社会公共服务供给的重要职能，是各类人才的主要集中地，是增强我国综合国力的重要领域，是中国社会主义现代化建设的重要力量，是实施人才强国战略、科教兴国战略、创新驱动发展战略的重要阵地。人才资源是第一资源，也是创新活动中最活跃、最积极的因素，人才资源作为经济社会发展第一资源的特征和作用更加明显，人才竞争已经成为综合国力竞争的核心。事业单位作为我国各类优质人才的富集地，事业单位人力资源的开发和管理与我国社会主义现代化建设进程密切相关，关系到实现中华民族伟大复兴中国梦这一宏伟目标，要切实把人力资源作为国家的宝贵财富，培养好、服务好、管理好、使用好事业单位人才队伍。

当前，事业单位分类改革进入攻坚期和深水区，但事业单位的人力资源管理体制机制改革仍存在一些短板和不足，影响到事业单位高质量发展和我国人才战略的实施，应予以认真研究和分析。主要表现在以下三个方面：

一是重视程度不够。目前，大部分事业单位人力资源管理主要还停留在日常行政性事务和基础性工作中，战略性规划、前瞻性工作存在明显短板。部分单位领导对人力资源管理的意义和重要性认识不到位，人力资源部门与其他部门，尤其是业务部门之间联系不够紧密，制定实施人力资源战略或规划时不能准确反映出单位总体战略发展需求。

二是人才结构不理想。我国拥有世界规模最大的科技队伍，但创新型科技人才结构性不足矛盾突出，缺乏世界级科技大师，领军人才、尖子人才不足，工程技术人才培养同生产和创新实践脱节。

三是管理机制不完善。选人环节，事业单位管理还是以编制管理为基础，一般情况下有编制空缺才能招录新人，引进高层次人才、高技能人才需要层层审批，单位用人自主权受到较大限制。育人环节，事业单位培训经费有限，培训项目和培训计划的针对性有待加强。用人环节，人员交流机制不完善，技术创新平台缺乏，难以激发人才的创新力。留人环节，激励机制不明显，尤其是科技人才薪酬水平在市场不具备竞争力，知识产权、技术等生产要素参与分配的机制不够完善，职务晋升渠道较窄，职称晋级名额有限。

第二节 内容概要

一、研究对象

（一）事业单位人力资源开发与管理的主体

主体和客体是认识论的基本范畴。主体是指认识者，即在社会实践中认识和改造世界的人。事业单位人力资源开发与管理的主体是指事业单位中从事、参与人力资源开发与管理的人员，包括领导层、管理层及普通工作人员。主体的思维、理念、能力和水平直接影响事业单位人力资源开发与管理工作的开展和成效。

（二）事业单位人力资源开发与管理的客体

客体指的是被认识者，是主体认识和改造的一切对象。事业单位人力资源开发与管理的客体即事业单位开展人力资源开发与管理过程中的人和相关制度。

（三）事业单位人力资源开发与管理的目的

事业单位人力资源开发与管理的目的，是事业单位通过开展人力资源开发与管理的活动要达到的预期效果，贯穿着本单位总体发展战略的意图，体现国家提出的人才强国战略的要求。人才强国战略的实施也意味着事业单位人力资源开发与管理要锚准人才队伍建设目标，建设一支规模宏大、素质优秀、结构优化、作风优良的人才队伍，为我国社会主义现代化建设提供强有力的人才支撑。

（四）事业单位人力资源开发与管理的思路

事业单位人力资源开发与管理要兼顾开发与管理两个过程，两手都要抓、两手都要硬，既要学会"开源"又要做实"节流"，从人力资源开发中获取源源不断的人才动力，从人力资源管理中持续不断降低人才活动的无效减损，从而不断激发人才的创新活力，提高人才活动的创新效能。

（五）事业单位人力资源开发与管理的手段

事业单位人力资源开发与管理的手段主要是人力资源实施主体作用于客体的方式，主要是制度的建设和运用，涉及组织制度、生产经营制度、工作管理制度、工作人员管理制度，包括组织架构设置、岗位设置、培训与开发、人员交流、选拔任用、职业生涯规划、激励约束等。

二、研究内容

（一）公共部门人力资源管理概述

重点阐述公共部门概念和特征、人力资源相关理论、公共部门人力资源管理理论，以及国内外公共部门人力资源管理制度的比较研究。

（二）事业单位人力资源管理历史沿革

主要概括我国事业单位的概念、特点和范围，描述事业单位改革发展，以及事业单位人事管理制度改革的历程。

（三）事业单位人力资源战略与规划

主要介绍人力资源战略与规划的理论概念、特征和区别，以及事业单位人力资源战略与规划的实施。

（四）事业单位机构编制与岗位设置

在阐述事业单位机构编制与岗位设置的含义及作用的基础上，分别围绕机构编制和岗位设置两方面阐述工作原则、内容和程序，通过案例分析进一步说明事业单位机构编制与岗位设置的重要性。

（五）事业单位人力资源招用

主要介绍事业单位人力资源招用的内涵、原则和意义，以及人员招聘、选拔任用的具体实施，并针对事业单位招聘争议案例进行分析，提出启示思考。

（六）事业单位人力资源培训与开发

主要阐述事业单位人力资源培训与开发的含义及作用，在其基础上重点说明事业单位教育培训和人才开发如何实施，并对选好用好优秀人才的典型案例进行剖析。

（七）事业单位人力资源绩效管理

在对事业单位人力资源绩效管理的内涵和意义进行阐述的基础上，说明事业单位如何做好绩效管理工作，并通过案例提出事业单位绩效管理创新发展思路。

（八）事业单位人力资源薪酬管理

主要介绍事业单位人力资源薪酬管理的内涵、特点和功能，进而对事业单位的工资薪酬、福利和保障进行具体解析，通过案例说明事业单位实施薪酬激励政策的重要性。

（九）事业单位人力资源多样化管理

在阐述事业单位人力资源多样化管理的含义和作用的基础上，创新性地提出了在编人员管理与编外人员管理的具体措施，并通过案例分析进一步说明事业单位人力资源管理必须严格遵守事实和法律依据。

第三节　研究意义与方法

一、研究意义

（一）贯彻落实我国人才强国战略需要

2002 年，中共中央办公厅、国务院办公厅制定下发的《2002—2005 年全国人才队伍建设规划纲要》，首次提出了"实施人才强国战略"。2021 年，习近平总书记在中央人才工作会议上发表的重要讲话，深刻回答了为什么建设人才强国、什么是人才强国、怎样建设人才强国的重大理论和实践问题。事业单位作为我国人才资源比较集中的公益性单位组织，承担着重要的社会公共服务和基础科学研究职能，尤其是在一些科研机构和高等院校，会聚着我国许多领军型战略科学家、科技领军人才、高水平创新团队，对事业单位人力资源进行科学的开发与管理，可以有效扩大事业单位人才规模，提高事业单位人才素质水平，增强事业单位科研创新能力，进一步夯实人才队伍建设基础，为我国人才强国战略实施、社会主义现代化建设和中华民族伟大复兴提供强大的人才驱动力。

（二）发挥事业单位人才资源优势需要

人才是第一资源，国家的竞争归根结底还是人才的竞争，事业的创新发展离不开人才的贡献。我国事业单位数量众多，专业技术人员队伍庞大，是巨大的人才资源宝库。新时代，实施人才强国战略，做好人才工作，吸引、留住、用活人才是振兴国家综合国力的重要战略举措，事业单位加强人力资源的开发与管理，可以有效地发挥人才资源活力和创造力，激发人才创新创业内生动力，打造社会主义现代化国家的核心竞争力，切实将事业单位人才资源优势转化为国家的发展优势、竞争优势。

（三）促进事业单位人力资源管理提升需要

事业单位当前存在的不足在很大程度上是因为人力资源开发与管理不够科学与规范，限制了事业单位人力资源的素质提升和综合利用。通过建立健全事业单位人力资源开发与管理的体制机制，优化和规范人力资源开发与管理的流程、环节、措施，促进事业单位人力资源合理配置、科学流动以实现资源配置最优化的目标。

二、研究方法

（一）指导理论

哲学理论。运用马克思主义哲学的基本原理、辩证唯物主义观点，对研究涉及的主客体关系、事物发展规律等方面进行分析判断。

经济学理论。资源配置、成本效益分析是经济学研究的范畴，从经济学的视角对事业单位人力资源开发与管理、人力资源有效配置进行研究，以达到通过科学规范管理促进人力资源发展的目的。

心理学理论。人是有感情的生物，心理因素影响是人作为社会人的重要指征，运用心理学中关于人的需求原理，对事业单位人力资源开发与管理过程中人的心理因素进行探讨与研究，减少人的负面情绪影响，有效发挥人的主观能动性。

管理学理论。借鉴管理学中关于公共部门管理、管理职能等理论，对事业单位人力资源开发与管理过程进行综合分析，研究如何完善管理的手段、方法和措施。

社会学理论。从实证主义、人文主义、批判主义的社会学理论视角，对在工作中形成的人与人之间社会关系及行为进行研究分析，进一步探讨组织文化等因素对行为人的价值观念、行为准则的影响。

（二）分析方法

理论分析法。在相关理论指导下，运用归纳与演绎、比较与分类、分析与综合、矛盾分析等辩证逻辑方法，对研究对象进行综合分析与判断，使理论分析与实践检验相结合。

实证研究法。通过调查研究、案例分析、统计分析等手段，开展数理实证和案例实证研究，使研究结果达到更加精细和准确的水平。

比较分析法。通过对研究对象的发展过程、发展历史的纵向比较分析和对与研究对象相近的事物的横向比较分析，寻找到研究对象发展的特点和规律性，全面把握研究对象的本质。

定性分析法。在研究者依据掌握的与研究相关的理论、案例、数据和信息的基础上，从自身直觉、经验等主观方面来分析推断研究对象、研究内容的性质、特点和发展趋势。

定量分析法。研究者依据统计数据，对研究分析对象的数量特征、数量关系及相关指标数值变化进行分析，揭示对象指标变化及相互关系的规律性、趋势性。

历史研究法，又称文献研究法。通过大量查阅国内外书籍、报纸、杂志等与研究相关的历史文献，获取相关案例、数据和信息，比较借鉴优秀学者的研究成果、理论概念，确立研究对象、研究方向、研究内容、研究方法等。

第二章 公共部门人力资源管理概述

第一节 公共部门概念界定

一、公共部门概念

国外并没有与我国事业单位相对应的机构，而是将承担公共事务管理与服务、提供公共产品及促进公共利益这些类型的机构归类于公共部门。

关于公共部门的定义，国内外的学者有不同的观点，且经济学家、管理学家、社会学家均有不同的表述。美国经济学家希克斯从部门性质与决策过程角度将公共部门定义为：所提供的服务和产品的范围与种类不是由消费者的直接愿望决定的，而是由政府机构决定的，在民主社会是由公民代表决定的。美国经济学家斯蒂格利茨（2005）从政府机构与私人机构区别中对公共部门进行概括，区分"政府"机构和私人机构有两个重要差异：第一，在民主社会中，负责经营公共机构的个人是由选举产生的，或是由选举产生的人任命的。第二，政府被赋予特定的强制权力，而私人机构则没有。鲍德威·威迪逊（2000）则从公共部门与私人机构对市场机制的反应进行区别：通过市场定价机制，私人厂商由市场供求水平决定的价格作出反应，并据此从事自利的活动。所有在这种市场机制的制约下运行的厂商的集合就被称为私营部门。政府或公共部门通过征税、实物产品和服务的支出、直接对家庭和厂商的货币转移，以及为私营部门的运行制定法规等，进行资源配置的决策。英国管理学者诺曼·弗林（2004）从管理学的角度，就公营部门（公共部门）与私营部门界限对公共部门进行了阐述，从公众和雇员的角度对公共部门和私营部门看法的区分不太明显，但从公共物品和公共服务来看，公共部门和私营部门有四个区别：一是两者提供的物品和服务公共属性不同；二是提供的服务资金来源不同；三是谁拥有这些设施以及服务的提供者被谁雇佣；四是物品和服务是否仅提供给那些付钱的人、是否任何有钱的人都能得到，而那些穷人则被排除在外。

对于公共部门的界定，国内学者也有不同的看法。蒋洪等（1996）强调以政府所有为核心，将公共部门定义为：一个社会中属于政府所有，并贯彻执行政府方针政策的经济实体（机关、事业和企业单位）的总和。公共部门的共同点在于：一是所有这些单位都具有公办的性质；二是这些单位的活动或多或少受到政府的直接控制，并在不同程度上执行政府的方针政策。谭融（2017）则指出公共部门以公共权力为基础，公共部门定义为以公共权力为基础，以服务公共利益、管理公共事务为目的，具有明显的强制性，隶属于国家部门。就我国的情况而言，包括政府部门以及隶属于国家的事业单位和部分国有企业单位。

根据以上国内外学者的观点，我们可以将公共部门的概念界定为以促进社会公共利益为目标，以公共权力为基础，由公共资金安排，承担公共事务管理与服务，为社会提供公共产品的组织机构。在我国，公共部门主要是指国家机关、事业单位及部分国有企业单位。

二、公共部门的特征

（一）公共权力为基础

公共部门本身所拥有的权力属于公共权力，公共权力产生于社会，服务于执政者和社会公众。就我国而言，我国是人民民主专政的社会主义国家，一切权力均属于人民，国家机关、事业单位等公共服务部门均是人民赋予的管理并服务社会、服务人民大众的机构，在人民的监督下依法履行社会管理与服务的职能。

（二）提供的产品和服务具有公共性

公共部门管理和服务的目标是追求整个社会福利和公共利益的最大化，所面对的群体是不特定的社会公众，提供的产品和服务主要是解决公共管理需要，满足公共服务需求，一般属于免费提供或者部分免费。公共部门所提供的产品和服务均属于社会的公共资源。

（三）提供的产品和服务具有垄断性

公共部门不同于私营部门，不追求经济利益的最大化，其所提供的管理和服务并不是通过市场机制进行调节。公共部门所介入的领域属于公共权力的领域、保障国家经济社会安全等公共利益的非市场竞争领域、私营部门不愿意投资的公共品领域，具有一定的垄断性或独占性。

（四）提供的产品和服务具有强制性

在现代社会中，公共部门依法设立，依法履行社会管理与服务相关职能，目标是维护社会公共利益，追求社会公共利益的最大化。公共部门履行管理和服务的职能时，具有一定的强制性，其所管理和服务的对象需要依法承担一定的法律义务。

（五）公共部门资金来源由公共资金进行安排

公共部门成立或者开展工作的经费来源主要是通过政府财政资金进行安排，并非通过提供服务性收费项目或收费产品盈利来维持运营。

（六）公共部门是具有政治属性的组织机构

公共组织的行为是在社会管理与服务中贯彻落实执政者政治意图的具体行为，是政治行为，公共部门和私营部门的区别如表2-1所示。在社会管理与服务中的具体体现，具有明确的政治指向意义。

表2-1　公共部门和私营部门的区别

	公共部门	私营部门
权利（权力）来源	公权力赋予，法律法规界定	市场通过法律或传统习俗等渠道赋予
资金来源	公共资金，政府财政安排	私人个体及私营组织等自有资金
追求目的	社会公共利益的最大化	私人利益的最大化
产品和服务的特性	公共产品，免费或部分免费提供，可具备一定的强制性	私人产品，获取和使用需要收费，消费存在自愿性
服务对象	社会公众，不确定的人群	有需求意愿且有购买能力的人群

第二节　人力资源理论起源及发展

一、古典经济学对人力资源理论的贡献

（一）劳动价值论

古典经济学对于经济活动的研究是从促进国民财富增长入手，对劳动、土地、资本等资源及社会分工进行研究，古典经济学家并没有提出人力资源的概念，而是把人的劳动视作创造商品价值的来源，奠定了劳动价值论的基础，指出了劳动是促进经济增长的主要因素之一。

1662 年，威廉·配第出版了《赋税论》（全名为《关于税收与捐献的论文》），提出土地是"财富之母"，而劳动则为"财富之父"和能动要素。威廉·配第（2013）认为，商品自然价格的高低是由生产它所耗费的劳动决定的，两种商品劳动量相等，就可以实现交换。从威廉·配第开始，劳动价值论逐步成为经济学重要理论之一。1776 年，亚当·斯密出版了《国民财富的性质和原因的研究》（又称《国富论》）。在该书中，亚当·斯密提出可通过两条途径增加国民财富：一是提高劳动生产率，劳动分工是提高劳动生产率的主要原因；二是增加从事生产的劳动者人数，劳动者人数增加需要资本的积累和运用，资本是一定量的积蓄和储存的劳动。他指出，商品交换价值等于能够用来购买或支配的劳动数量，劳动是衡量一切商品交换价值的真实尺度。另一位英国古典经济学家大卫·李嘉图则继续发展了亚当·斯密的劳动决定价值论，1817 年出版的《政治经济学及赋税原理》包含了关于政治经济学理论的主要内容。李嘉图对商品的使用价值和交换价值进行了区分，他认为在市场的日常交换中，由稀少性决定价值的商品为数极少，而绝大多数商品都是可以由人类劳动源源不断地制造出来的，于是，这部分商品的价值由社会必要劳动时间决定。价值和财富在本质上是不同的，财富取决于商品的数量，价值取决于生产商品所消耗的劳动力。

（二）劳动分工研究

在古典经济学的研究中，经济增长依赖于资本积累和劳动分工的相互作用，资本积累推动了劳动分工和生产专业化的发展，劳动分工又促进了社会总产出完成了社会更多的资本积累，推动资本流向最有效率的生产领域，资本主义市场自由发展形成良性循环。

亚当·斯密提出劳动生产率的提高，以及劳动生产率指导或应用的任何地方所体现的大部分技能、熟练程度和判断力，似乎都是分工的结果。他认为，由于劳动分工，相同数量的人完成的工作量可以大幅增加，主要原因为：一是工人熟练程度和技能不断提高；二是减少工作交换，进而减少时间损失；三是交换导致分工，分工造就了人与人之间的差异。

（三）"经济人"理念

亚当·斯密最经典的一句话：每个人并不企图增进公共福利，他所追求的仅仅是他个人的利益，而且在这样做时正像在许多其他场合一样，有一只看不见的手引导他促进一种目标，而这种目标绝不是他所追求的东西。由于追逐他自己的利益，他经常促进了社会利益，其效果要比他真正想促进社会利益时所得到的效果大得多。这既指明了市场经济中"看不见的手"的作用，又提出了关于"经济人"的假设。

二、马克思政治经济学的理论贡献

（一）劳动价值论

马克思认为，商品的价值是由生产它所消耗的劳动量决定的，这个劳动量指的是社会劳动量，即在一定的社会状态和社会平均生产条件下，在所有劳动的一定社会平均强度和平均熟练程度下，生产这个商品所必需的劳动量。商品的价值与生产这些商品所消耗的劳动时间成正比，而与所消耗的劳动的生产力成反比。

（二）人的本质

马克思认为，人作为有生命的自然存在物，一方面具有自然力、生命力，是能动的自然存在物；另一方面作为自然的、肉体的、感性的、对象性的存在物，是受动的、受制约的和受限制的存在物。激情、热情是人强烈追求自己的对象的本质力量。人不仅是自然存在物，也是类存在物。通过实践创造对象世界，改造无机界，人证明自己是有意识的类存在物。共产主义是对私有财产即人的自我异化的积极的扬弃，是对人的本质的真正占有，是人向自身也是向社会的即合乎人性的人的复归，是在以往发展的全部财富的范围内实现的复归。

（三）分工

马克思指出，分工是关于异化范围内的劳动社会性的国民经济学用语，分工是人的活动作为真正类活动或作为类存在物的人的活动的异化的、外化的设定。关于分工的本质——劳动一旦被认为是私有财产的本质，分工就被理解为财富生产的一个主要动力。劳动的社会力的日益改进与大规模的生产、资本的积累、劳动的结合、分工、机器、改良的方法、化学力、各种科学发明相关，劳动的社会性质或协作性质也由于科学发明得以进一步发展。

三、现代经济学、管理学、心理学发展的贡献

（一）人力资源概念

1954 年，美国管理学家彼得·德鲁克在《管理的实践》中首次提出人力资源的概念并加以界定。彼得·德鲁克（2006）认为，人力资源是所有资源中最有生产力，最多才多艺，也是最丰富的资源，它最大的优势在于具有协调、调和、判断和想象的能力。它与其他资源最大的区别就在于人能充分地利用自我，发挥自身长处，对于工作有绝对的自主权，人的发展无法靠外力来完成，往往从内部产生。

（二）人力资本理论

1979 年，诺贝尔经济学奖获得者西奥多·舒尔茨在对农业经济长期研究中发现，促使美国农业产量迅速增长的重要原因不是土地、劳力或资本存量的增加，而是人的技能与知识的提高。他在 1960 年的美国经济学会年会上作了题为《人力资本投资》的演说，明确提出人力资本是当今时代促进国民经济增长的主要原因，他认为人口质量和知识投资在很大程度上决定了人类未来的前景。舒尔茨还在 1971 年出版了《人力资本投资》一书，认为人力资本的积累是社会经济增长的源泉，人力资本投资收益率超过物力资本投资的收益率，人力资本在各个生产要素之间发挥着相互替代和补充作用。

（三）管理学理论

彼得·德鲁克（2006）认为，管理的职能包括管理企业、管理管理者、管理

员工和工作这三项职能。他提出企业管理需要目标，任何一个绩效和结果对企业的生存和兴旺有着直接和举足轻重影响的领域，都需要有目标。管理者工作的五项基本活动：第一，制定目标；第二，组织工作；第三，激励沟通；第四，衡量标准（绩效评估）；第五，培养人才。

（四）人的需求理论

美国心理学家亚伯拉罕·马斯洛（1987）认为，人作为一个有机整体，具有多种动机和需要。他在1943年出版的《人类激励理论》一书中，将人的需求分别分为生理需求、安全需求、归属需求、尊重需求、自我实现需求五个层次。这五种需求像阶梯一样由低到高，但次序也不完全固定，总的划分为两个层级，生理需求、安全需求、归属需求属于低级别需求，可以通过外部条件满足；尊重需求和自我实现需求是高级别需求，需要通过内部因素才能满足。马斯洛的需求层次理论从人的需求出发探索了人的激励和研究人的行为，为人力资源管理理论研究与发展提供了新的启迪。

第三节 公共部门人力资源管理研究

一、公共部门人力资源管理内涵及特征

（一）内涵

顾名思义，公共部门人力资源管理是从管理学的角度，围绕公共部门发展的目标任务和战略规划，对公共部门进行人力资源配置与应用、开发与管理等一系列的活动及过程。公共部门人力资源管理是公共部门通过制定政策和建立制度体系，运用奖励激励机制、惩罚约束机制等手段激发公共部门工作人员现实及潜在

的劳动能力，以追求达到公共部门人力资源综合应用的最大化，主要包括战略规划、招聘录用、职务任免、培训开发、绩效管理、薪酬管理、权益保障等具体性事务。

（二）特征

公共部门人力资源管理是服务于公共部门发展需要，具有公共部门独特的部门特性。

（1）公共利益的价值取向。公共部门人力资源管理是公共部门权力运作的组成部分，也是公共权力在内部人员管理的延伸，在人力资源管理过程中必须体现出公共部门以公共利益为导向的最基本的价值取向。

（2）工作人员需德才兼备。公共部门是被授予公共权力，以社会的公共利益为组织目标，以追求社会公共利益最大化为发展目标。公共部门的工作人员作为公共权力的使用者和公共利益的维护者，既需要与其从事岗位相符合的专业的知识和技能，更重要的是具备维护公共利益的价值观，德才兼备，以德为先。

（3）管理活动的制约性。公共权力具有两重性，即合理性和破坏性，合理性即按照公共利益目标实施和运用公共权力以实现社会管理和服务需要，破坏性即偏离公共利益目标异化为私人工具来谋取个人私利。因此，为了公共利益的实现必须把公共权力关在制度的笼子里，以法律法规形式对公共部门人力资源管理加以严格的规范，依法进行管理。

（4）管理体系的复杂性。公共部门以政府为核心主体，其他组织形式为补充的组织架构体系，建立了官僚等级明显、部门关系错综复杂的、庞大的组织结构，因此，公共部门人力资源管理方面与私人部门相比显得更加复杂。

（5）考核评价的困难性。公共部门追求的是公共利益和社会效益，产出是公共物品，大多数公共物品具有非竞争性、非排他性的特点，不能完全通过经济指标来衡量和量化，有的产品和服务的成效经历较长时间才能显现，同时，不确定的服务对象群体多元化也会对公共部门提供的公共产品和服务的作用存在认知不足，致使对公共部门组织和人员的评价出现偏差。因此，对公共部门人力资源进行考核评价时遭遇较多的技术性困难。

二、公共部门人力资源管理相关理论

（一）人性理论

美国学者道格拉斯·麦格雷戈在 1957 年 11 月的美国《管理评论》杂志上发表了《企业的人性方面》一文，总结了人性假设的两种观点：X 理论和 Y 理论。

X 理论的主要观点：一是人天性懒惰，想尽可能逃避工作。大多数人缺乏抱负，不喜欢责任，宁可被人领导。二是个人目标与组织目标冲突，消极对待组织，必须用强迫、指挥、控制及处罚等手段达成组织目标。三是大多数人缺乏理性，只看眼前利益，激励只在生理需求和安全需求层次上起作用。

Y 理论的主要观点：一是一般人并不是天生不喜欢工作，工作中的体力和脑力消耗像游戏和休息一样自然。工作可能是一种满足，也可能是一种处罚，由环境而确定。二是外来控制和处罚不是促使人们实现组织目标的唯一方法。三是当个人目标与组织目标没有冲突时，如果给予适当机会，一般人能学会主动承担责任，可以将个人目标与组织目标统一起来。四是人对于目标的承诺，就是由于达成目标后所产生的一种报酬。人为了达成本身已承诺的目标，能实施自我督导和自我控制。五是在解决组织问题上，大多数人能发挥较强的想象力和创造力。

20 世纪 20 年代中期至 30 年代初期，美国学者乔治·埃尔顿·梅奥和同事在美国西方电气公司的霍桑工厂对有关职工行为进行了一系列实验，目的是研究企业物质条件与工人劳动生产率的关系。实验结果促使了人际关系学说创立，实验证明人是"社会人"，是复杂的社会关系成员，企业中存在非正式的组织，生产率主要取决于工人的工作态度以及他和周围人的关系。

（二）人本主义理论

美国心理学家亚伯拉罕·马斯洛把自我实现作为人的最高层次的需求，自我实现的需求是努力追求自我发展、发挥自己的潜力，使自己发展成为自身所期望的样子。马斯洛（1987）认为，需求产生动机，动机导致行为，在人的若干需求中，总有一种最重要的需求发挥主导作用。美国心理学家卡尔·R.罗杰斯（2006）认为，自我为人格的核心，个体是完整的有机体的存在。他创立了当事人中心疗法，认为在适当的心理环境或心理氛围下，当事人有能力自我理解，可以自我解决问题。人的行为是同自我概念相联系的，每个人都按照一种与他的自我概念相契合的方式处理事情。

（三）激励理论

1959年，美国学者弗雷德里克·赫茨伯格提出了"双因素理论"，即"激励因素——保健因素理论"。弗雷德里克·赫茨伯格认为，激励因素属于工作本身或工作内容的，保健因素属于工作环境和工作关系的。那些能满足个人自我实现需求的因素才是激励因素，如具有成就、挑战性的工作、增加的工作责任以及成长和发展的机会等，只有当激励因素获得满足时，工作人员的积极性才能得到极大的调动；保健因素具有满足基本需求的效果，其不健全会引起工作人员不满，但起不到激发工作人员积极性、创造性的作用，因此，保健因素是预防性的。

美国学者维克托·弗鲁姆1964年在《工作与激励》中提出了期望理论。他认为，人总是渴求被满足一定的需求并设法达到一定的目标。这个目标在尚未实现时表现为一种期望，这时目标反过来对个人的动机又是一种激发的力量，而这个激发力量的大小取决于目标价值（效价）和期望概率（期望值）的乘积，用公式表示为：激发力量（M）＝效价（E）×期望值（V）。为了有效激发员工的工作动机，需要兼顾三方面关系：努力与成绩的关系、成绩与奖励的关系、奖励与满足需要的关系。

（四）管理学理论

美国学者弗雷德里克·温斯洛·泰勒长期从事管理咨询和科学管理的推广应用工作，形成了一套科学管理的理论方法，主要体现在作业管理、组织管理和管理哲学三个方面。如在人员素质方面，弗雷德里克·温斯洛·泰勒（2017）认为，一个企业的竞争力取决于人员素质的高低，而在提高人员素质方面，通过精心挑选工人，诱导工人并对其进行训练和帮助，使工人按科学方法工作可以实现产量最大增长，工人经过系统培训后能发挥较高的效率；作业管理方面，他认为科学管理的核心是提高劳动生产率，发明并推广了生产流水线，组织管理方面主张将计划工作和执行工作分开，成立职能部门管理。法国学者亨利·法约尔（2017）提出经营与管理的不同理念，表示管理具有计划、组织、指挥、协调和控制 5 项职能，还总结了一般管理的 14 个原则。

德国学者马克斯·韦伯（2020）认为，任何组织都必须以某种形式的权力作为基础，理想的组织应以合理合法权力为基础，这样才能有效地维系组织的连续和目标的达成。他的科层制组织理论主要体现在：第一，实现劳动分工，职务要有法律意义上明确规定的职权范围。第二，按权力等级组织起来形成一个权责分明、层层控制的等级制度。第三，合理分配和任命成员，强调是被任命而不是被选举。第四，有固定的薪金报酬制度，绝大多数有权享受养老金。第五，严格系统的纪律约束与控制。

第四节 国内外公共部门人力资源管理制度比较

一、国外公共部门人力资源管理制度

（一）英国现代文官制度

英国是现代公务员制度的发源地。1853 年，斯坦福·诺斯科特和查尔斯·屈威廉受财政大臣格拉斯顿授意就英国国内的官僚体制进行全面调查，提出改革意见。1854 年，他们提出了一项改革文官制度的方案，即《诺斯科特——屈威廉报告》，报告提出四条基本原则建议：一是将政府工作分为智力工作和日常性机械性工作；二是采取公开选拔考试录用文官；三是各部门人员实行统一管理，可在各部门之间转调、提升；四是官员考核是以工作成绩和勤奋程度为依据。

1855 年，英国政府颁发了《关于录用王国政府文官的枢密院令》，成立了不受党派干涉、独立主持考选事务的三人组成的文官事务委员会，1870 年颁布了关于文官制度改革的第二份枢密院令，明确了文官职位任用都必须通过公开竞争性考试（部分最高级官员和外交部、内政部官员除外），标志着英国文官制度正式建立。经过种种改革，特别是 1968 年《富尔顿报告》提出以后，英国的文官制度改革取得了新的发展。

英国文官制度的主要特点表现在以下几个方面：一是考试录用。常任文官实行公开考试、择优录取。二是考核晋升。文官晋升以现职年资和工作成绩等相结合进行考核。三是建立培训制度。设立文管学院，对文官开展大规模集中培训。四是优厚待遇。一般文官薪金略高于企业职工，实行男女同工同酬、五天工作制、休假制度等。五是纪律约束。公职人员应遵守《荣誉法典》《官方保密法》《英国公务员管理法》等法律规定。

（二）美国公务员制度

1883 年，美国国会通过《调整和改革美国文官制度的法案》，标志着美国现代政府公务员制度的建立。该法案明确政府文官必须通过公开竞争考试择优录用，考试应着重实际工作需要的才能和知识，被录用的人员不得因党派关系等政治原因被革除职务，由总统任命不同政党成员组成"文官委员会"，对联邦文官实行统一管理。此后，美国国会先后通过了一系列法律，如《文官退休法》《职位分类法》等，公务员制度进一步得到完善。

1978 年 10 月，美国国会通过了《文官制度改革法》，对美国的公务员制度进行了比较大的改革。该法确定了联邦政府人事工作应遵循的九项功绩原则，对人事管理、高级行政职位、功绩工资、公务员考核和处分程序做出重大改革。

美国公务员制度的特点主要表现在以下四个方面：一是公务员类别。按区域分，分为联邦公务员、州公务员及地方公务员；按职务性质分，分为政务官和事务官，经录用的事务官应受到公务员制度保护，任期内不受政府更迭的影响，如本人无重大过失，可一直任职到退休。二是注重绩效考核。美国对公务员考核采用工作标准考绩制，通过职位分析，以工作数量、工作质量等行为结果有效性作为考核主要内容。三是工资分配原则。美国认为公务员属于服务性职业，不是社会财富的直接创造者，工资不应高于企业。联邦公务员现行工资制度主要依据1990 年颁布的《联邦公务员可比性工资法案》，该法案明确四项指导原则：同一地区一定要体现同工同酬；同一地区的工资等级差别取决于岗位性质和工作表现；联邦政府公务员必须与同一地区私营企业同等工作性质的职工工资标准一致；必须彻底消除任何联邦政府公务员与私营企业职工工资不平等的现象。四是政务官和事务官的不同管理模式。政务官通过竞选获得并以任期制的形式担任；事务官通过公开考试录用，政府长期雇佣。政务官与执政党共进退；事务官的工作及晋升考核则采取功绩制，不受党派影响。

（三）日本公务员制度

第二次世界大战结束后，美国占领当局对日本推行一系列改革。日本政府以美国派出的胡佛为首的“人事行政顾问团”起草的草案为基础，经过修改于1947 年正式颁布《国家公务员法》，确立了国家公务员的各种根本基准准则，规定了民主的方法选拔和指导公务员履职，将国家公务员职位分为一般职位和特别职位，明确公务员权限，保证公务员发挥最大效能，强调公务员是为全体国民服务的人员。此后，陆续颁布了《国家行政组织法》《教育公务员特例法》《关于国家公务员职阶制的法律》《地方公务员法》等，形成了较为系统完整的国家公务员管理制度体系。

日本公务员制度特点主要表现在以下四个方面：一是考试录用。日本的公务员一般采用竞争考试或选考的方式录用，特殊官职采取特别考试或选考的方式录用。二是兼具职位制和功绩制特点，以功绩制为取向。日本公务员人事制度实行终身雇佣制、年功序列制、退休后就业辅导制等。三是政治活动受到限制。国家公务员不享受通过罢工、游行示威等方式要求提高工资、改善劳动条件的劳动争议权。四是重视职业道德教育。对公务员退休退职后再就业进行规范，制定《国家公务员伦理法》和《国家公务员伦理规程》，对公务员与企业之间的工作接触、礼品上缴、个人财产公布等行为作了明确且具体的规定。

二、我国公共部门人力资源管理制度

（一）我国公共部门人力资源管理的目标及意义

我国是社会主义国家，中国共产党作为工人阶级的先锋队、中国人民和中华民族的先锋队，是中国特色社会主义事业的领导核心，中国共产党领导是中国特色社会主义最本质的特征。我国始终坚持党管干部、党管人才的原则，公职人员作为学习贯彻落实党的路线、方针和政策的实践者，其招录、选拔、任用、晋升等具有较为完备的制度体系，公职人员必须具备良好的政治素养、岗位所需的专业知识和履职必备的其他能力，公共部门人力资源管理要服务于中国特色社会主义发展，要符合最广大人民的根本利益，要满足党和国家各个历史阶段提出的具体发展目标和要求。

我国公共部门人力资源管理的目标，是通过科学、合理、有效、充分地管理和使用公共部门人力资源，发挥公职人员的执行力、创造力，不断适应经济社会发展需求，不断满足人民日益增长的美好生活需要，助推党和国家的发展战略实现，促进中国特色社会主义事业高质量发展。具体来说，社会目标是提高公职人员综合素质，提升公共部门的行政效能和公共服务能力，促进社会各类主体良性运行，社会生产力得到进一步解放和提高，人民群众对美好生活的愿望得到满足；经济目标是做到公共部门人岗匹配、人尽其才、才尽其用，公共部门中人、事、财、物有效配置、有机结合，发挥最大的效用，既能降低公共部门的运行成本，又能提高公共部门的运行效能，促进公共部门健康良性运行和高质量发展；个人目标是重视个人发展，个人劳动权益得到有效保障，强调个人发展与国家发展相结合，公职人员个体在服务于公共事务的实践中得到自我提升，实现自我的社会价值；组织目标是既要吸引优秀的人才进入公共部门，又要留住优秀人才服务于公共部门，打造出"信念坚定、为民服务、勤政务实、敢于担当、清正廉洁"的政治素养高、专业素质强、干事劲头足的公职人员队伍，满足公共部门对人力资源的需求。

（二）我国公务员制度

1984 年，中央组织部和劳动人事部草拟《国家机关工作人员法》，1985 年改为《国家行政机关工作人员条例》，第一次采用了"国家公务员"概念。1993 年国务院常务会议审议通过了《国家公务员暂行条例》，我国公务员制度正式建立。2005 年第十届全国人民代表大会常务委员会第十五次会议审议通过了《中华人民共和国公务员法》（以下简称《公务员法》），明确自 2006 年 1 月 1 日正式实施。这部法律作为公务员管理的基础法律，它的出台极大地推进了我国公务员制度的法治化、规范化。

后续国家还制定了《公务员奖励规定（试行）》《行政机关公务员处分条例》《公务员培训规定（试行）》《公安机关人民警察纪律条令》《统计违法违纪行为处分规定》等法规及规章，对公务员录用、考核、职务任免、职务升降、辞退、奖惩、培训等各方面工作予以具体规范。

2018 年 12 月 29 日，第十三届全国人民代表大会常务委员会第七次会议对《公务员法》进行了修订，明确公务员制度坚持中国共产党领导，坚持以马克思列宁主义、毛泽东思想、邓小平理论、"三个代表"重要思想、科学发展观、习近平新时代中国特色社会主义思想为指导，贯彻社会主义初级阶段的基本路线，贯彻新时代中国共产党的组织路线，坚持党管干部原则。

当前，我国公务员包括中国共产党机关、人大机关、行政机关、政协机关、审判机关、检察机关和民主党派机关的工作人员。公务员的管理制度主要分以下几方面：

（1）职位分类制度。公务员职位类别按照公务员职位的性质、特点和管理需要，划分为综合管理类、专业技术类和行政执法类等类别。国家实行公务员职务与职级并行制度，根据公务员职位类别和职责设置公务员领导职务、职级序列。

（2）录用制度。录用担任一级主任科员以下及其他相当职级层次的公务员，采取公开考试、严格考察、平等竞争、择优录取的办法。民族自治地方录用公务员时，对少数民族报考者可按法律和有关规定给予适当照顾。新录用的公务员试用期为一年，试用期满合格予以任职，不合格则取消录用。

（3）考核制度。全面考核公务员的德、能、勤、绩、廉，重点考核政治素质和工作实绩。考核分为平时考核、专项考核和定期考核等方式。定期考核以平时考核、专项考核为基础，结果分为优秀、称职、基本称职和不称职四个等次。定期考核的结果作为调整公务员职位、职务、职级、级别、工资以及公务员奖励、培训、辞退的依据。

（4）任免制度。公务员领导职务实行选任制、委任制和聘任制。公务员职级实行委任制和聘任制。领导成员职务按照国家规定实行任期制。

（5）升降制度。公务员晋升领导职务，应当具备拟任职务所要求的条件和资格。公务员领导职务应当逐级晋升。特别优秀的或者工作特殊需要的，可以按照规定破格或者越级晋升。公务员的职务、职级实行能上能下。对不适宜或者不能胜任现任职务、职级的公务员，应当进行调整。公务员在年度考核中被确定为不称职的，按照规定程序降低一个职务或者职级层次任职。

（6）奖惩制度。对工作表现突出，有显著成绩和贡献，或有其他突出事迹的公务员或者公务员集体给予奖励。奖励坚持定期奖励与及时奖励相结合，精神奖励与物质奖励相结合、以精神奖励为主的原则。公务员违纪违法应当承担纪律责任的，依照《公务员法》给予处分或者由监察机关依法给予政务处分；违纪违法行为情节轻微，经批评教育后改正的，可以免予处分。

（7）培训制度。机关根据公务员工作职责的要求和提高公务员素质的需要，对公务员进行分类分级培训。公务员的培训实行登记管理。公务员培训情况、学习成绩作为公务员考核的内容和任职、晋升的依据之一。

（8）交流与回避制度。公务员可以在公务员和参照本法管理的工作人员队伍内部交流，也可以与国有企业和不参照本法管理的事业单位中从事公务的人员交流。公务员任职或执行公务有应当回避的情形，本人应当申请回避，利害关系人有权申请公务员回避。

（9）工资福利保险制度。公务员实行国家统一规定的工资制度。公务员工资包括基本工资、津贴、补贴和奖金。公务员按照国家规定享受福利待遇，依法参加社会保险，按照规定享受保险待遇。

（10）辞职辞退制度。公务员辞去公职，应当向任免机关提出书面申请。担任领导职务的公务员，因工作变动依照法律规定需要辞去现任职务的，应当履行辞职手续。辞退公务员，按照管理权限决定。辞退决定应当以书面形式通知被辞退的公务员，并应当告知辞退依据和理由。被辞退的公务员，可以领取辞退费或者根据国家有关规定享受失业保险。

（11）退休制度。公务员达到国家规定的退休年龄或者完全丧失工作能力的，应当退休。退休后的公务员享受国家规定的待遇，国家为其生活和健康提供必要的服务和帮助，鼓励发挥个人专长，参与社会发展。

三、我国事业单位人事管理制度

2014 年，国务院颁布的《事业单位人事管理条例》对我国事业单位人事管理制度进行了规范，明确事业单位人事管理坚持党管干部、党管人才原则，全面准确贯彻民主、公开、竞争、择优方针。国家对事业单位工作人员实行分级分类管理。

（一）岗位设置制度

国家建立事业单位岗位管理制度，明确岗位类别和等级。事业单位根据职责任务和工作需要，按照国家有关规定设置岗位。岗位应当具有明确的名称、职责任务、工作标准和任职条件。事业单位拟订岗位设置方案，应当报人事综合管理部门备案。

（二）录用和上岗制度

事业单位新聘用工作人员，应当面向社会公开招聘。但是，国家政策性安置、按照人事管理权限由上级任命、涉密岗位等人员除外。事业单位内部产生岗位人选可以竞聘上岗。事业单位工作人员可以按国家规定进行交流。

（三）聘用合同管理制度

事业单位与工作人员订立聘用合同的期限一般不低于三年。事业单位工作人员存在可以解除聘用合同的情形时，事业单位可以解除聘用合同。自聘用合同依法解除、终止之日起，事业单位与被解除、终止聘用合同人员的人事关系终止。

（四）考核培训制度

事业单位根据聘用合同规定的岗位职责任务，全面考核工作人员的表现，重点考核工作绩效。考核分为平时考核、年度考核和聘期考核。考核结果作为调整事业单位工作人员岗位、工资以及续订聘用合同的依据。事业单位根据不同岗位的要求，编制工作人员培训计划，对工作人员进行分级分类培训。

（五）奖惩制度

对事业单位工作人员的奖励，坚持精神奖励与物质奖励相结合、以精神奖励为主的原则。奖励分为嘉奖、记功、记大功、授予荣誉称号。事业单位工作人员处分分为警告、记过、降低岗位等级或者撤职、开除。

（六）工资福利保险制度

国家建立激励与约束相结合的事业单位工资制度。事业单位工作人员工资包括基本工资、绩效工资和津贴补贴。事业单位工作人员享受国家规定的福利待遇。事业单位及其工作人员依法参加社会保险，工作人员依法享受社会保险待遇，符合退休条件时应当退休。

（七）人事争议处理制度

事业单位工作人员与所在单位发生人事争议的，依照《中华人民共和国劳动争议调解仲裁法》等有关规定处理。事业单位工作人员对涉及本人的考核结果、处分决定等不认可的，可按照国家有关规定申请复核、提出申诉。

第三章　事业单位人力资源管理历史沿革

第一节　事业单位概念、特点及范围

一、概念

事业单位是我国特有的社会服务组织形式，是时代发展的产物，是我国经济社会发展中提供公益服务的主要载体，更是中国特色社会主义现代化建设的重要力量。关于"事业单位"称谓的由来无从考究，"事业"一词，自古以来在不同时期、不同场合被赋予了不同的含义，如《史记·秦始皇本纪》中"端直敦忠，事业有常"的"事业"指的是做事创业有成就，《论共产党员的修养》中"共产主义事业是人类历史上空前伟大而艰难的事业"的"事业"指的是人类为追求自身自由、解放与发展的长期性活动。《现代汉语小词典（第5版）》则把"事业"解释为：①人们所从事的，具有一定目标、规模和系统的对社会发展有影响的经常活动；②特指没有生产收入，由国家经费开支，不进行经济核算的事业。

对事业单位的"事业"理解，可以从我国官方历年的各类法律法规文件及相关媒体报道中一窥端倪，除了具备《汉语小词典》中强调的"国家经费开支""不进行经济核算的事业"的含义，从设计理念上更接近于《论共产党员的修养》中提到的对共产主义事业的憧憬，应是党和人民的崇高事业、社会的公共事业，"事业"二字也为"事业单位"的称谓增添了浓厚的政治色彩、时代特征，指明了事业单位成立的目的和发展方向。

"事业单位"的称谓在中华人民共和国成立初期就出现于我国的各类文件中，1952年中央人民政府政务院发布的《关于全国各级人民政府、党派、团体及所属事业单位的国家工作人员实行公费医疗预防的指示》（以下简称《指示》）中首次用到"事业单位"的称谓，但是对事业单位的概念并没有进行明确界定。

1955年，《关于一九五四年国家决算和一九五五年国家预算的审查报告》（以下简称《报告》）中提到，"第四，在各机关和各事业单位降低事业费、购置费和办公杂支费的开支标准，各企业的这类费用的开支标准也实行降低。"从《报告》中我们可以清楚知道当时国家实施的是"大一统"的计划经济体制，国内的组织机构主体不多，各类国有组织机构主体的经费均由国家预算进行安排，从国有组织机构主体担负的职能、经费来源上已经初步划分为三类主体，即机关、事业单位、企业，虽然没有相关规范性文件对事业单位进行概念上的明确，但是已形成了事实上的区别和划分。

正式文件中最早关于事业单位概念的界定应是1963年国家编制委员会代国务院草拟的《关于编制管理的暂行办法（草案）》（以下简称《草案》）中给出的定义，"为国家创造或改善生产条件，促进社会福利，满足人民文化、教育、卫生等需要，其经费由国家事业费开支的单位"。1965年，国家编制委员会公布的《关于划分国家机关、事业、企业编制界限的意见》（以下简称《意见》）中将事业单位表述进一步具体化为"凡是直接从事为工农业生产和人民生活等服务活动，产生的价值不能用货币表现，属于全民所有制的单位，列为国家事业单位编制"。

经过多年的改革，事业单位的概念和内涵又有了新的发展和进一步深化与明确，当前，我们现实中所使用的概念是《事业单位登记管理暂行条例》（中华人民共和国国务院令第411号）（以下简称《条例（2004）》）第二条规定，"本条例所称事业单位，是指国家为了社会公益目的，由国家机关举办或者其他组织利用国有资产举办的，从事教育、科技、文化、卫生等活动的社会服务组织"，本条规定也首次正式从法律层面规范并明确了事业单位的定义。

二、特点

公益性。公益性是事业单位成立与发展的首要目标，事业单位是不以营利为目的的社会服务组织，承担着大量的社会服务责任，主要是从事教育、科技、文化、卫生等领域的公益性活动。

法律性。事业单位的成立要履行必要的法定程序，应具备必要的法人条件。根据《条例》规定，事业单位必须经县级以上各级人民政府及其有关主管部门批准成立，成立后还应当依照规定登记或者备案。《中华人民共和国民法典》第八十八条规定：具备法人条件，为适应经济社会发展需要，提供公益服务设立的事业单位，经依法登记成立，取得事业单位法人资格；依法不需要办理法人登记的，从成立之日起，具有事业单位法人资格。

组织性。事业单位是由国家机关或者其他组织利用国有资产举办的社会服务组织，具有明确的组织形式，有自己的名称、组织机构和场所，有与其业务活动相适应的从业人员和经费来源，依法成立并具备独立的法人资格，能够独立承担民事责任。

专业性。事业单位主要是集中在教育、科技、文化、卫生等领域，专业性、知识性强，高层次人才聚集，本单位主要是利用自身的专业知识和专门技术向社会提供如教育文化、科研创新、医疗卫生等方面的服务，专业性是事业单位基本且特征显著的社会服务职能。

公立性。从设立机构来看，事业单位是由国家机关或者其他组织利用国有资产举办的社会服务组织；从设立经费来源看，事业单位经费来源主要包括财政补助和非财政补助两类，两类补助来源均为国有资产。

从属性。从事业单位的发展历史来看，事业单位从制度形成之初就明确了从属性，《指示》中明确地指出"全国各级人民政府、党派、团体及所属事业单位"，《条例（2004）》更是明确事业单位是由国家机关或者其他组织利用国有资产举办的社会服务组织。因此，从事业单位的设定程序可以很清晰看出，事业单位是从属于举办该单位的国家机关或者其他组织的，在组织管理上存在着明晰的上级主管部门。

三、范围

2014 年 1 月 24 日修订的《事业单位登记管理暂行条例实施细则》显示，目前我国的事业单位主要分布在 27 种行业领域，包括教育、科研、文化、卫生、体育、新闻出版、广播影视、社会福利、救助减灾、统计调查、技术推广与实验、公用设施管理、物资仓储、监测、勘探与勘察、测绘、检验检测与鉴定、法律服务、资源管理事务、质量技术监督事务、经济监督事务、知识产权事务、公证与认证、信息与咨询、人才交流、就业服务、机关后勤服务等活动的社会服务组织（见表 3-1）。

表 3-1　我国事业单位分布

序号	行业领域	事业单位范例
1	教育	本科院校、高职高专学校、中等专业学校、职业技术学校、普通高中、普通初中和小学、幼儿园、特殊教育学校、成人高等教育学校、成人中等教育学校、成人初等教育学校等
2	科研	自然科学研究单位（基础型科研院所、公益型科研院所、开发型科研院所）、社会科学研究单位、综合科学研究单位等

续表

序号	行业领域	事业单位范例
3	文化	艺术表演院团、艺术表演场馆、艺术展览馆、艺术创作中心、群众艺术馆、文化馆、青少年宫、图书馆、文献中心、文物保护站、博物馆、纪念馆等
4	卫生	医院、疗养院、休养所、疾控中心、血液中心等
5	体育	竞技单位（田径队、体操队）、体育设施单位（体育馆）、运动项目管理中心等
6	新闻出版	新闻传播单位、报社、出版社、音像出版社、杂志社、编辑单位等
7	广播影视	电台广播单位、电视台（站）、影视制作单位、放映单位等
8	社会福利	社会保险管理服务中心、医疗保险服务管理中心、福利院、养老院、孤儿院、干休所、疗养院、残疾人康复中心、殡葬事业单位、烈士陵园等
9	救助减灾	防灾减灾中心、社会救助中心等
10	统计调查	统计事业单位（经济调查队、经济普查中心）等
11	技术推广与实验	种子站、植物保护所、土肥站、农机推广站、农业技术推广站、农业试验站、动植物检疫所、水产养殖试验场、农场林业机械推广站、林业技术推广站等
12	公用设施管理	房地产交易中心、住房公积金管理中心、园林绿化事业单位、公园管理处、城市环卫、市政公用设施管理单位等
13	物资仓储	仓库、供销站、其他物资仓储、供销事业单位等
14	监测	环境监测、地震监测等单位
15	勘探与勘察	工程勘察院（所、中心）、工程设计院（所、中心）、地质调查队（所）、探矿队（所）、地质测绘队（所）、勘探技术服务所（中心）等
16	测绘	测量队（站）、综合测绘队等
17	检验检测与鉴定	标准计量事业单位、出入境检验检疫事业单位、其他检验检测事业单位
18	法律服务	公共法律服务中心、国家出资的律师事务所等
19	资源管理事务	规划和自然资源管理事务中心、土地资源储备中心等
20	质量技术监督事务	组织机构代码管理中心、质量和标准化研究院等负责质量技术监督事物事业单位
21	经济监督事务	经济事务监管中心、价格事务所等
22	知识产权事务	专利事业单位、商标事业单位、版权事业单位等
23	公证与认证	公证处、认证中心等
24	信息与咨询	行政部门信息服务中心、人民银行征信中心等

序号	行业领域	事业单位范例
25	人才交流	人才交流服务中心、专家服务中心等
26	就业服务	就业服务中心等
27	机关后勤服务	机关后勤保障事业单位、接待服务单位、培训机构、文印通信事业单位等

第二节　事业单位发展历程

一、计划经济"大一统"时期（1949~1977年）

中华人民共和国成立至改革开放前这段时间，我国实施高度集中的计划经济体制，全国上下一盘棋布局，机关、事业单位、国有企业等社会各类主体均由国家统一计划安排，政企不分、政事不分的情况较为突出。这一时期属于事业单位制度的初步建立期，事业单位作为我国独有的机构设置形式，很多工作都是在实践中探索前进，具有鲜明的时代特征。

（一）内涵、概念初步明晰

最早关于"事业单位"称谓的正式文件是1952年公布的《指示》中提到，"各级人民政府、党派、团体及所属事业单位""全国各级人民政府、党派、工青妇等团体、各种工作队以及文化、教育、卫生、经济建设等事业单位"，但文件中并没有对事业单位做出定义，只能从标题及文中的零星表述进行理解，但《指示》中已经可以得到两个明确的信息，一是事业单位归属于各级人民政府、党派、团体；二是事业单位职能范畴是文化、教育、卫生、经济建设等领域。

1955 年的《报告》对机关、事业单位、企业工作情况和工作部署要求进行了分类表述，但是仍缺乏具体、明确的区分标准和定义，如《报告》中要求"在各机关和各事业单位降低事业费、购置费和办公杂支费的开支标准，各企业的这类费用的开支标准也实行降低""为了合理地使用人力，一切国家机关工作人员和国有企业中的职工，都应当服从国家的调动"，机关、事业单位及企业关于经费、人员管理上的"大一统"也造成了人们对事业单位概念的难以界定。1963 年，国家编制委员会《关于编制管理暂行办法（草案）》（以下简称《草案》）给出了较为明晰的定义，即"为国家创造或改善生产条件，促进社会福利，满足人民文化、教育、卫生等需要，其经费由国家事业费开支的单位。"此时，在《草案》给出的事业单位的概念里，把《指示》中事业单位"经济建设"表述删除，明确了事业单位设立的公益性目的。

（二）职能范畴初步明确

《指示》中指出，事业单位隶属于各级人民政府、党派、团体，职能范围主要涉及文化、教育、卫生、经济建设等领域。《报告》对事业单位并没有划型分类，《报告》中既有"财政经济机关和事业机关"表述，又有"事业单位"称谓，且事业单位与机关、企业一样都有"事业费、购置费、办公杂支费"等经费开支项，同时，还指出事业单位存在编制过大的问题，从《报告》的内容上很难明确区分机关、事业单位、企业的定义和关系。1963 年《草案》明确了事业单位的职能，事业单位就是为国家创造或改善生产条件，促进社会福利，满足人民文化、教育、卫生等需要的单位，经费由国家事业费开支。1965 年的《关于划分国家机关、事业、企业界限的意见（草案）》从编制领域，对事业单位概念和职能作了进一步的明确，事业单位列为具有全民所有制单位编制的不直接产生生产性货币收入的单位，在《意见》中表述为"凡是直接从事为工农业生产和人民生活等服务活动，产生的价值不能用货币表现，属于全民所有制的单位，列为国家事业单位编制"。

（三）中央集中统一管理

在人财物高度集中的计划经济时代，事业单位由国家出资举办，人员、经费等实施中央集中统一管理，实行指令性计划管理方式。《报告》中指出"各机关和事业单位的各项费用定额，事业单位的人员定额，都应当根据国务院和中共中央的指示进行修订"。1962 年，中共中央对于中央精简小组《关于各级国家机关、党派、人民团体精简的建议》作出指示，可以看出中央对单位机构设置及人员编制管理的指令直达基层，中央精简小组根据各级国家机关、党派、人民团体的编制情况和各地区的人口多少、面积大小、政治、经济、文化等条件，对各级机构和职工的精简直接提出具体建议，如县和公社两级："县约二千个，公社五万七千多个，原有一百七十二万余人，拟减为一百一十四万余人。""文革"期间，编制管理基本处于中断状态，1970 年国家编制委员会被撤销，编制工作由国务院负责，1975 年国务院办公室成立编制小组，具体负责编制管理日常工作。

二、改革开放初期（1978~1991 年）

1978~1991 年，党和国家的工作重点转移到社会主义现代化建设中去，我国进入了社会主义市场经济建设的探索期，事业单位也迎来了发展的春天。

（一）事业单位法人制度的实现

1986 年 4 月 12 日，第六届全国人民代表大会第四次会议审议通过的《中华人民共和国民法通则》（以下简称《通则》）从法律上确立了事业单位法人制度，赋予了事业单位民事法律主体地位，《通则》第五十条规定"具备法人条件的事业单位、社会团体，依法不需要办理法人登记的，从成立之日起，具有法人资格；依法需要办理法人登记的，经核准登记，取得法人资格"。事业单位与其他法人一样，具备民事权利能力和民事行为能力，从法人成立时产生，至法人终止时消灭，可以与企业或其他事业单位联营从事生产经营等民事法律行为，依照规定承担相应民事法律责任。《通则》的出台，标志着事业单位管理迈入法制化管理轨道。

（二）恢复和改革编制管理机构

对事业单位实施编制管理一直是我国对事业单位管理的主要手段之一。中华人民共和国成立至改革开放这段时间，编制管理机构也是多次变更，"文革"期间更是中断。从1949年成立政务院及其所属单位机构编制审查委员会，1950年成立中央人事部，1954年撤销中央人事部，成立国务院人事局，1963年设立国家编制委员会列入国务院常设机构序列，1970年国家编制委员会被撤销，1978年10月恢复国家编制委员会为国务院直属机构。1982年我国进行改革开放后的第一次政府机构改革，同年5月撤销国家编制委员会，合并国家劳动总局等部门成立劳动人事部，内设编制司，下设办公室、中央处、地方处、事业处。1988年，成立了国家机构编制委员会。1991年，党中央、国务院决定成立中央机构编制委员会。中央机构编制委员下设中央机构编制委员办公室，负责全国行政管理体制和机构改革以及机构编制的日常管理工作，既是党中央的机构，又是国务院的机构。

（三）事业单位改革初步探索

一是改革人事管理体制机制。首先是人事激励制度实施，1978年国务院颁布的《中华人民共和国发明奖励条例》和1979年的《中华人民共和国自然科学奖励条例》拉开了对科研人员奖励的序幕。1985年中共中央发布了《关于科学技术体制改革的决定》和《关于教育体制改革的决定》对事业单位改革进行了探索，建立了研究所实行所长负责制、学校建立校长负责制，提出研究机构可以将事业收入以外的收入用于集体福利和奖励，提出完善教育事业单位的工资绩效政策。其次是职称制度恢复和专业技术人才相关制度逐步推行。1978年3月，全国科学大会审议通过了《1978—1985年全国科学技术发展规划纲要（草案）》（以下简称《纲要》），《纲要》提出恢复科学技术人员职称，建立技术岗位责任制。1979年，国务院批转了国家科学技术委员会、国家经济委员会、国务院科学技术干部局拟订的《工程技术干部技术职称暂行规定》，建立起专业技术人才评价机制。1985 年颁布的《国务院批转国家科委、教育部、中国科学院关于试办博士后科研流动站报告的通知》，标志着我国博士后制度正式建立实施。二是经营管理体制改革探索。1978 年财政部批准了《人民日报》等八家新闻单位实行"事业单位、企业化管理"，并允许中央电视台于 1979 年播出了第一条外国商业广告。1979 年财政部出台《关于文教科学卫生事业单位、行政机关"预算包干"试行办法》，允许财政预算结余留用，调动单位节约开支和创收的积极性。1985 年出台了《事业单位奖金税暂行规定》，鼓励事业单位向经济独立、经费自给过渡，有计划地逐步提高职工收入，并控制消费基金过快增长。1989 年发布了《关于事业单位财务管理的若干规定》，从预算管理角度将事业单位分为三种形式：全额预算管理、差额预算管理、自收自支管理，建立事业周转金制度扶持有收入的事业单位开展业务经营活动。

三、中国特色社会主义市场经济体制建立期（1992~2012 年）

1992 年，邓小平在南方谈话中明确指出：计划经济不等于社会主义，资本主义也有计划；市场经济不等于资本主义，社会主义也有市场。1992 年 10 月，江泽民在中国共产党第十四次全国代表大会上提出，中国经济体制的改革目标是建立社会主义市场经济体制。1993 年 11 月，党的十四届三中全会审议通过《中共中央关于建立社会主义市场经济体制若干问题的决定》，明确了建立社会主义市场经济体制的基本任务和要求。围绕社会主义市场经济体制改革目标和任务，党政机关、企业、事业单位及各行各业也推动进行一系列改革，事业单位发展面临着更多机遇与挑战。

（一）公共服务领域事业单位与其他主体共同竞争

1992 年，《中共中央 国务院关于加快发展第三产业的决定》（以下简称《决定》）中将第三产业概括为除农业、工业和建筑业以外的其他各行业，主要包括流通部门、为生产和生活服务的部门、为提高科学文化水平和居民素质服务的部门，同时还提出要放手让城乡集体经济组织和私营企业，个人兴办投资少、见效快、劳动密集、直接为生产和生活服务的行业，对国民经济发展具有全局性、先导性影响的基础行业主要由国家兴办，但也要引入竞争机制，在统一规划和统一管理下，动员地方、部门和集体经济力量兴办。《决定》的出台，标志着我国允许和鼓励社会资本进入公共服务领域，但这一时期事业单位总体改革思路暂不明确，事业单位企业化经营和社会资本在公共服务领域逐利行为交错发展，也给公共服务事业发展带来一些乱象，如教育市场化、医疗市场化等带来许多负面影响。

（二）事业单位管理进一步规范化、法制化

1996 年 7 月，中共中央办公厅、国务院办公厅关于印发《中央机构编制委员会关于事业单位机构改革若干问题的意见》，提出要建立和实施事业单位登记管理制度，使事业单位的发展和管理更加规范化，要求事业单位机构改革遵循政事分开的方向，推进事业单位的社会化，加强民办事业单位管理，进行分类改革，加强事业单位机构编制的宏观管理，提出要抓紧出台中华人民共和国事业单位登记管理条例并研究拟定事业单位管理方面的其他法规，强调事业单位机构改革要随着行政体制、经济体制以及科研、教育、文化、卫生等各项体制改革的进程逐步推进。1998 年 10 月，国务院颁布了《民办非企业单位登记管理暂行条例》，对民办事业单位概念进行了修正，修正后的民办非企业单位界定为：企业事业单位、社会团体和其他社会力量以及公民个人利用非国有资产举办的，从事非营利性社会服务活动的组织。同年同月，国务院颁布的《事业单位登记管理暂行条例》（以下简称《条例（1998）》）对事业单位登记管理进行了规范，进一步保障事业单位的合法权益，《条例（1998）》指出事业单位实行分级管理，国务院机构编制管理机关和县级以上地方各级人民政府机构编制管理机关是本级人民政府的事业单位登记管理机关，同时还将事业单位定义为国家为了社会公益目的，由国家机关举办或者其他组织利用国有资产举办的，从事教育、科技、文化、卫生等活动的社会服务组织。2011 年《中共中央　国务院关于分类推进事业单位改革的指导意见》（以下简称《指导意见》），提出事业单位改革的要求是政事分开、事企分开和管办分离，改革的目的是促进公益事业发展，改革的基础是科学分类，改革的核心是深化体制机制改革。将事业单位划分为承担行政职能、从事生产经营活动和从事公益服务三个类别。承担行政职能的事业单位要逐步将其行政职能划归行政机构或转为行政机构；从事生产经营活动的事业单位要逐步改制转企；从事公益服务的事业单位继续保留在事业单位序列，进一步强化公益属性。今后，不再批准设立承担行政职能的事业单位和从事生产经营活动的事业单位。为贯彻落实《指导意见》，同年，国务院出台了《国务院办公厅关于印发分类推进事业单位改革配套文件的通知》，对分类推进事业单位改革进行了具体部署。

四、中国特色社会主义新发展阶段（2013 年至今）

党的十八大以来，我国对事业单位的改革进入了新的历史发展阶段，改革的方向更为明确、改革的重点更为突出、改革的举措更为有力、改革的程度更为深化。2013 年 11 月 12 日，中国共产党第十八届中央委员会第三次全体会议审议通过《中共中央关于全面深化改革若干重大问题的决定》（以下简称《全面深化改革决定》），对我国推进全面深化改革作出了全面部署。《全面深化改革决定》明确了完善和发展中国特色社会主义制度，推进国家治理体系和治理能力现代化的全面深化改革的总目标，提出了加快事业单位分类改革，加大政府购买公共服务力度，推动公办事业单位与主管部门理顺关系和去行政化，创造条件，逐步取消学校、科研院所、医院等单位的行政级别。《全面深化改革决定》还提出，要建立事业单位法人治理结构，推进有条件的事业单位转为企业或社会组织；建立各类事业单位统一登记管理制度。

（一）加快分类改革成为深化改革主线

承担行政职能的事业单位逐步将其行政职能划归行政机构或转为行政机构，今后不再批准设立具有行政职能的事业单位；从事生产经营活动的事业单位逐步改制为企业或撤销，今后不再批准设立从事生产经营的事业单位；从事公益服务的事业单位，继续保留事业单位序列，并根据职责任务、服务对象和资源配置方式等情况，细分为公益一类事业单位和公益二类事业单位。党的十九大报告强调"深化事业单位改革，强化公益属性，推进政事分开、事企分开、管办分离"。党的十九届三中全会审议通过《中共中央关于深化党和国家机构改革的决定》，指出按照精干高效原则设置各级党委直属事业单位，强调加快推进事业单位改革，全面推进承担行政职能的事业单位改革，理顺政事关系，实现政事分开，不再设立承担行政职能的事业单位；加大从事经营活动事业单位改革力度，推进事企分开；区分情况实施公益类事业单位改革，面向社会提供公益服务的事业单位，理顺同主管部门的关系，逐步推进管办分离，强化公益属性，破除逐利机制；主要为机关提供支持保障的事业单位，优化职能和人员结构，同机关统筹管理。中共中央还印发了《深化党和国家机构改革方案》（以下简称《方案》），要求地方承担行政职能的事业单位，统一纳入地方党政机构限额管理，所有地方机构改革任务在 2019 年 3 月底前基本完成。各地按照《方案》要求，进一步深化本地区党和国家机构改革，加快事业单位分类改革进程，如改革后，辽宁省省直公益性事业单位由 695 家（不含医院、高校、地税）整合成 65 家，精简比例高达 90.6%。

（二）人事制度改革作为深化改革重点

一是严控机构编制。《全面深化改革决定》提出，要加快事业单位分类改革，在具体实施过程中，要严格控制机构编制、减少机构数量和领导职数、控制财政供养人员总量，推进编制管理科学化、规范化和法制化。《方案》要求推进机构编制法定化，要依法管理各类组织机构，加快推进机构、职能、权限、程序、责任法定化。二是逐步取消行政级别。《全面深化改革决定》提出，要推动公办事业单位与主管部门理顺关系和去行政化。三是人事管理制度化、法治化不断完善。2012 年 8 月，人力资源和社会保障部、监察部出台了《事业单位工作人员处分暂行规定》，对事业单位工作人员作纪律做出规范。2014 年 4 月，国务院通过《事业单位人事管理条例》，明确了事业单位关于岗位设置、公开招聘和竞聘上岗、聘用合同、考核和培训、奖励和处分、工资福利和社会保险、人事争议处理、法律责任方面的内容。2014 年 6 月，中央组织部、人力资源和社会保障部联合出台了《事业单位工作人员申诉规定》，保障事业单位工作人员合法权益，依法处理事业单位工作人员的申诉，促进事业单位及其主管部门依法行使职权。2015 年，中共中央办公厅印发了《事业单位领导人员管理暂行规定》。2017 年，中央组织部联合相关部门发布了《宣传思想文化系统事业单位领导人员管理暂行办法》，从制度上规范了事业单位领导人员管理。四是激发专业技术人才活力。2015 年出台了《中共中央　国务院关于深化体制机制改革加快实施创新驱动发展战略的若干意见》，明确提出要加快下放科技成果使用、处置和收益权，提高科研人员成果转化收益比例；完善事业单位绩效工资制度，健全鼓励创新创造的分配激励机制，改进科研人员薪酬和岗位管理制度；建立健全科研人才双向流动机制，破除人才流动的体制机制障碍，促进科研人员在事业单位和企业间合理流动。2017 年，人力资源和社会保障部印发了《关于支持和鼓励事业单位专业技术人员创新创业的指导意见》，通过对事业单位专业技术人员创新创业人事管理做出具体规定，积极发挥事业单位在科技创新和大众创业万众创新中的示范引导作用，进一步激发高校、科研院所等事业单位专业技术人员科技创新活力和干事创业热情。2019 年，人力资源和社会保障部出台了《关于进一步支持和鼓励事业单位科研人员创新创业的指导意见》，支持和鼓励科研人员离岗创办企业、兼职创新、在职创办企业，支持和鼓励事业单位选派科研人员到企业工作或者参与项目合作、设置创新型岗位。

第三节 事业单位人事制度改革

一、人事制度"大一统"时期（1949～1977年）

中华人民共和国成立至改革开放前，国家对事业单位人事管理实行人员编制管理模式，与机关人员管理基本一致，行政色彩浓厚，缺乏科学分类与规范，事业单位人员的各种工资薪酬及福利待遇与编制定额密切相关。

（一）编制管理严格控制

1955年的《报告》指出，各主管部门应当改善和加强制定定额的工作和定额管理工作；各机关和事业单位的各项费用定额，事业单位的人员定额，都应当根据中共中央和国务院的指示进行修订。1962年的《批示》提出，各级编制委员会不仅要管好行政编制，也要把事业编制管起来，以便统一管理，严格控制；地方各级国家机关的精简要报中央和国务院审查批准。

（二）干部人员管理行政化

1953年11月，中共中央制定了《关于加强干部管理工作的决定》，建立起在中共中央及各级党委组织部门统一领导、统一管理下的分部、分级的管理体制。1957年印发的《国务院关于国家行政机关工作人员的奖惩暂行规定》规定，国家行政机关所属事业单位工作人员的奖惩问题，由国务院各主管部门参照本规定制定奖惩办法。

（三）机关单位、事业单位人员福利待遇区分不明显

如共同实行公费医疗预防，1952年的《指示》提出，专署、县、区三级及各级文化、教育、卫生、经济建设等事业单位、各种工作队和革命残废军人均发

给医药费。

二、人事制度改革探索期（1978~1991 年）

1978 年 12 月 13 日，邓小平在中央工作会议第四次全体会议闭幕会上发表了题为《解放思想，实事求是，团结一致向前看》的讲话，提出和回答了在历史转折关头党面临的根本性问题，明确了党在今后的主要任务和前进方向，而且也为党的十一届三中全会确立了指导方针，讲话也标志着我国改革开放拉开了序幕，成为中国改革开放的宣言。党的十一届三中全会要求全党的工作中心转到经济建设中去，在党的领导工作中全面地作出具有重大意义的战略转变，标志着中国共产党重新确立了马克思主义思想路线、政治路线和组织路线。

（一）重点围绕官僚主义、权力过分集中、家长制、干部领导职务终身制等弊端改革

1980 年 8 月，中央政治局召开扩大会议，邓小平在会上作了《党和国家领导制度的改革》的讲话，邓小平在讲话中指出，领导制度、组织制度问题带有根本性、全局性、稳定性和长期性，对现行制度存在的各种弊端必须进行改革。1983 年，中央组织部制定印发了《关于改革干部管理体制若干问题的规定》，提出实行在党委的统一领导下，按照组织部门统一管理和分部分级管理相结合的原则，各级党委要适当缩小管理干部的范围，下放管理干部的权限，给企业事业单位更多管理干部的自主权，专业技术干部管理体制必须改革。

（二）专业技术干部管理改革提上重要位置

1981 年，中共中央办公厅、国务院办公厅颁布了《科学技术干部管理工作试行条例》，规定对科学技术干部的管理，应当同国民经济管理体制和干部管理体制相适应，在中央及各级党委领导下，在中央及各级党委组织部统一管理下，按照科学技术干部的特点，依据科学技术水平、技术职称和级别，实行由国务院、国务院各部委和省、自治区、直辖市分级管理的制度。1982 年，卫生部颁

布了《全国医院工作条例》，规定医院实行党委领导下的院长负责制。1985 年，颁布了《中共中央关于科学技术体制改革的决定》，提出研究所实行所长负责制，改革科学技术人员管理制度，促使科学技术人员合理流动，研究机构、设计机构和高等学校可以逐步试行聘任制，科学技术人员在做好本职工作的情况下可以适当兼职，切实解决科学技术人员的合理报酬问题。

（三）编制管理张弛有度

1986 年，劳动人事部出台了《关于加强事业单位编制管理的几项规定》，鼓励一些有条件的科研、设计、文艺新闻、出版等事业单位实行企业化管理、做到经济上完全自给。对已实行企业化管理、国家不再拨给各项经费的事业单位，其编制员额可适当放宽。对仍需国家财政拨款的事业单位，其编制员额要根据工作任务的轻重缓急，从严掌握。

（四）推进干部人事实行分类管理

1987 年，中国共产党第十三次全国代表大会阐述了社会主义初级阶段的理论，概括了党在社会主义初级阶段的基本路线，确定了"三步走"发展战略。党的十三大报告指出，要进一步下放权力，在政府同企事业单位的关系上，要按照自主经营、自主管理的原则，将经营管理权下放到企事业单位；要改革干部人事制度，在建立国家公务员制度的同时，对其他各类人员实行分类管理，群众团体的领导人员和工作人员、企事业单位的管理人员，原则上由所在组织或单位依照各自的章程或条例进行管理。

（五）政府职能转变带来新发展

1988 年，中央政府开始新的改革，以转变政府职能为中心，结合进行政府内部的制度化建设。转变政府职能主要包括五个方面：由微观管理转向宏观管理、由直接管理转向间接管理、由部门管理转向全行业管理、由"管"字当头转达向服务监督、由机关办社会转向机关后勤服务工作社会化。通过改革，国务院机构总数由 72 个精简为 68 个。这次转变政府职能的改革影响深远，政府更加注重宏观管理和间接管理。而地方政府改革因为多种原因，暂时搁置。1989 年《中华人民共和国行政诉讼法》颁布，1990 年《中华人民共和国行政监察条例》《行政复议条例》也陆续出台，我国行政法治建设迈出重要步伐。这一时期事业单位组织机构、领导体制、管理体制、任用制度、工资分配制度等方面的改革也取得了新的进展。例如，清理整顿国家机关所属事业单位，实行归口管理，建立政府特殊津贴制度；人才市场出现并发展；出台事业单位专业技术人员和管理人员辞职辞退暂行规定等。

三、人事制度改革完善期（1992～2011 年）

1992 年 1 月 18 日至 2 月 21 日，邓小平先后赴武昌、深圳、珠海和上海视察，沿途发表了重要谈话。1992 年 3 月 26 日，《深圳特区报》率先发表了《东方风来满眼春——邓小平同志在深圳纪实》的重大社论报道，集中阐述了邓小平南方谈话的要点内容，讲话明确回答长期困扰和束缚人们思想的许多重大认识问题，重申了深化改革、加快发展的必要性和重要性。邓小平南方谈话标志着我国改革开放和现代化建设进入新的发展阶段。

（一）人事劳动制度改革加快

1992 年，党的十四大报告提出，要加快人事劳动制度改革，逐步建立健全符合机关、企业和事业单位不同特点的科学的分类管理体制和有效的激励机制，人事劳动制度改革要同机构改革、工资制度改革相结合，尽快推行国家公务员制度等。1993 年 8 月，《国家公务员暂行条例》颁布，政事分开改革迈出了重要一步，公务员制度的确立也为完善事业单位干部人事制度改革提供了有益的实践经验，推动了事业单位分类管理进一步发展。2000 年 7 月，中央组织部和人事部出台了《关于加快推进事业单位人事制度改革的意见》，明确事业单位人事制度改革的指导思想目标任务和基本思路，对加快推进事业单位人事制度改革提出工作部署和要求，提出建立四个方面制度，分别是以聘用制为基础的用人制度；形式多样、自主灵活的分配激励机制；多层次、多形式的未聘人员安置制度；符合事业单位特点的宏观管理和人事监督制度。2011年出台《中共中央 国务院关于分类推进事业单位改革的指导意见》，按照社会功能将现有事业单位划分为承担行政职能、从事生产经营活动和从事公益服务三个类别，并针对不同类别的事业单位的在编制、人事、财务、社会保险等方面提出了工作部署和要求。同年，《中共中央 国务院关于分类推进事业单位改革的指导意见》提出，事业单位改革配套文件对事业单位分类、承担行政职能事业单位改革、创新事业单位机构编制管理、建立和完善事业单位法人治理结构、改革事业单位财政政策、从事生产经营活动事业单位转制为企业、加强国有资产管理、深化收入分配制度改革、建立职业年金制度等方面提出具体工作部署和安排。

（二）人事制度改革活力逐步激发

一是领导人员管理体制探索完善。1997年，出台《中共中央 国务院关于卫生改革与发展的决定》，进一步扩大医疗卫生机构经营管理自主权限，卫生机构实行院（所、站）长负责制。2000年，中共中央组织部出台《关于加强和改进科研院所党的建设工作的意见》，规定科研院所（不含社会科学研究院所）充分发挥党组织的政治核心作用，坚持和完善院（所）长负责制，建立科学的科研院所管理体制。1998年，《中华人民共和国高等教育法》（以下简称《高等教育法》）以法律形式明确国家举办的高等学校实行中国共产党高等学校基层委员会领导下的校长负责制。中国共产党高等学校基层委员会按照《中国共产党章程》和有关规定统一领导学校工作，支持校长独立负责地行使职权。二是用人机制趋于灵活。随着人事制度改革不断推进，更加灵活的用人机制和制度逐步建立。《高等教育法》规定，高等学校根据实际需要和精简、效能的原则，自主确定教学、科学研究、行政职能部门等内部组织机构的设置和人员配备；按照国家有关规定，评聘教师和其他专业技术人员的职务，调整津贴及工资分配。2002年，国务院办公厅转发人事部《关于在事业单位试行人员聘用制度的意见》，要求建立和推行事业单位人员聘用制度，除按照国家公务员制度进行人事管理的以及转制为企业的事业单位以外，其余事业单位都要逐步试行人员聘用制度，并通过实行人员聘用制度，转换事业单位用人机制，实现事业单位人事管理由身份管理向岗位管理转变，由行政任用关系向平等协商的聘用关系转变，建立一套符合社会主义市场经济体制要求的事业单位人事管理制度。为加快推进事业单位分类改革，调动事业单位各类人员的积极性、创造性。2006 年，人事部出台了《事业单位岗位设置管理试行办法》，规定事业单位要按照科学合理、精简效能的原则进行岗位设置，坚持按需设岗、竞聘上岗、按岗聘用、合同管理。

四、人事制度深化发展期（2012 年至今）

2012 年，党的十八大报告提出，要深入推进政事分开，推进事业单位分类改革。2013 年，党的十八届三中全会审议通过的《中共中央关于全面深化改革若干重大问题的决定》进一步明确了事业单位分类改革的方向，提出要加大政府购买公共服务力度，推动公办事业单位与主管部门理顺关系和去行政化，创造条件，逐步取消学校、科研院所、医院等单位的行政级别；建立事业单位法人治理结构，推进有条件的事业单位转为企业或社会组织；建立各类事业单位统一登记管理制度。围绕《中共中央关于全面深化改革若干重大问题的决定》的有关要求，事业单位人事制度改革也不断深入，2014 年，国务院颁布了《事业单位人事管理条例》，事业单位人事管理开始有法可依。2017 年，党的十九大报告提出，深化事业单位改革，强化公益属性，推进政事分开、事企分开、管办分离。事业单位改革步入新的历史发展阶段。

（一）制度化、法治化水平提升

一是人事管理正式进入依法履职时代。2014 年颁布的《事业单位人事管理条例》从基本原则、岗位管理、公开招聘和竞聘上岗、聘用合同、考核和培训、奖励和处分、工资福利和社会保险、人事争议处理、法律责任等方面进行了详细规定，该条例以法规的形式将事业单位人事管理纳入正常的法治轨道，也标志着事业单位人事管理法治化水平显著提升。二是多形式用工逐步探索制度化。新时代中国特色社会主义改革的不断深化，人民群众对美好生活的向往、对事业单位的公共服务质量要求越来越高，事业单位所承担的社会服务功能也在不断延伸，受编制管理的约束事业单位人手不足问题日益突出。为此，单位只能通过聘用编外人员扩大工作队伍，保证工作顺利进行。目前各地对事业单位用工也进行了积极探索，出现了实名编制、非实名编制及编外人员等多种形式。如《广西壮族自治区高等学校非实名用人制度试行办法》《自治区编办综合处关于高校非实名人员控制数使用备案有关事项的通知》等文件，对高校非实名用人制度进行了规范；《四川省人民政府办公厅转发人力资源社会保障厅等部门关于加强机关事业单位工作人员和编外人员管理意见的通知》《郑州市人民政府办公厅关于印发郑州市市级机关事业单位招用编外人员管理办法（暂行）的通知》等对本地事业单位招用编外人员也进行了制度设计。

（二）全面加强党的领导

在党的十八大召开以前，事业单位党的领导存在弱化现象，政事不分、管办不分的问题比较突出，部分单位公益性得不到体现、社会反映强烈，给事业单位健康可持续发展造成了不利影响。为了贯彻落实党的十八大及党的十八届三中全会精神，进一步加强党的领导，全面从严治党、全面深化改革，坚持党管干部原则，深化干部人事制度改革，2012年、2015年中共中央办公厅分别出台了《关于在推进事业单位改革中加强和改进党的建设工作的意见》（以下简称《意见》）、《事业单位领导人员管理暂行规定》（以下简称《规定》）等文件，对加强和改进事业单位党的领导规定及事业单位领导人员管理作出明确规定。《意见》提出，实行党委领导下的行政领导人负责制的事业单位，党组织发挥领导核心作用；实行行政领导人负责制的事业单位，党组织发挥政治核心作用。《规定》提出了事业单位领导人员管理的基本原则，不同行业事业单位领导人员基本条件应当适应本行业特点和要求，其中宣传思想文化系统事业单位领导人员应当坚持政治家办报办刊办台办新媒体，有强烈的意识形态阵地意识；高等学校和中小学校领导人员应当认真贯彻党的教育方针，坚持社会主义办学方向，自觉落实立德树人根本任务；科研事业单位领导人员应当坚持高水平科技自立自强的方向，坚持面向世界科技前沿、面向经济主战场、面向国家重大需求、面向人民生命健康，尊重科研工作规律，弘扬科学家精神，自觉践行创新科技、服务国家、造福人民的价值理念；公立医院领导人员应当坚持为人民健康服务的方向，有适应医院高质量发展的先进管理理念和实践经验。

（三）新时代新要求新目标新任务

党的二十大报告提出新时代新征程中国共产党的使命任务，就是团结带领全国各族人民全面建成社会主义现代化强国、实现第二个百年奋斗目标，以中国式现代化全面推进中华民族伟大复兴，围绕中心任务要扎实推进依法行政，继续深化事业单位改革。2021年，人力资源和社会保障部印发了《人力资源和社会保障事业发展"十四五"规划》，提出"十四五"时期事业单位人事制度改革的目标任务和具体举措，即要持续推进事业单位人事制度改革，建立健全符合分类推进事业单位改革要求的人事管理制度，推进建立人事管理权责清单。完善事业单位聘用合同管理、公开招聘、岗位管理和交流制度，建立健全事业单位人事管理监督制度。推行事业单位人事管理一件事服务模式。在县以下事业单位推行管理岗位职员等级晋升制度。推进专业技术一级岗位设置工作。支持和鼓励高校、科研院所等事业单位科研人员按规定创新创业并取得合法报酬，落实乡村振兴战略，支持和鼓励农业科技人员按规定入乡兼职兼薪和离岗创办企业。健全完善事业单位工作人员考核、奖惩、培训机制。

第四章　事业单位人力资源战略与规划

第一节　人力资源战略

一、人力资源战略内涵和相关理论

（一）什么是"战略"

"战略"一词我国古已有之，西晋史学家司马彪在公元 3 世纪末就著有《战略》一书，该书主要以军事人物的谋划成败事例来说明战争谋略的问题。明末军事家茅元仪编著的《武备志》，共分为《兵诀评》《战略考》《阵练制》《军资乘》《占度载》五门，是明朝末年的军事百科全书，其中《战略考》对战争谋略做了专门的研究，分三十三卷，共选录春秋、战国、西汉、东汉、三国、晋、宋、齐、梁、陈、隋、唐、五代、北宋、南宋、元等朝代六百余个战争战例，大都是历史上以奇谋伟略取胜的战例，如马陵之战、赤壁之战、淝水之战、虎牢之战等。毛泽东在《中国革命战争的战略问题》中提出，战略问题是研究战争全局的规律的东西。毛泽东对战略做出的定义，突出强调了战略具有全局性、规律性。他指出，研究带全局性的战争指导规律，是战略学的任务，而研究带局部性的战争指导规律，是战役学和战术学的任务。

西方关于"战略"一词最早也是用于军事方面的概念，英文"Strategy"一词来自希腊语中的"Strategos"，是一个军事术语，指的是一场战争或者战斗背后所隐含的谋划谋略。在军事上，有战略和战术的区分，战略是全局的、宏观的、长远的，战术是局部的、微观的、阶段性的，战术是为获取战略目标而实施的手段，战略是众多战术集合的目标。1579年，东罗马帝国皇帝毛莱斯编写了一部面向高级将领的教材 *Strategieon*，意为"为将之道"。1799年，德国军事家海因里希·迪特里希·比洛在《最新战法要旨》中指出，"战略是关于在火炮射界和射程之外进行军事行动的科学，而战术是关于在上述范围内进行军事活动的科学"。英国军事理论家利德尔·哈特在《战略论》中提出，"战略是一种分配和运用军事手段以求达到政治目的的艺术""大战略，其任务就在于调节和指导一个国家或几个国家的所有一切资源，以达到战争的目的"。

本书认为，战略是一个国家或组织，为实现其根本利益，对其未来发展做出的全局性、前瞻性、规律性、长远性的谋划方略，由众多的阶段性、局部性、目标性、实操性的具体规划和计划手段实施。

（二）人力资源战略的界定

1962年，美国学者艾尔弗雷德·D.钱德勒在《战略与结构：工业企业史的考证》一书中，首次引入了企业战略问题，并分析了环境、战略与组织结构的相互关系，他认为战略需要随着不断变化的环境进行战略调整，一旦战略发生变化，其组织结构也需要针对性变化，提出了组织结构追随战略的论断。另外，彼得·德鲁克在1973年出版的《管理：任务、责任、实践》中强调了战略管理的重要性。1980年，迈克尔·波特在《竞争战略》中提出，竞争战略是企业战略的一种，是企业在竞争中采取进攻或防守的长期行为。波特认为，在基本竞争战略指导下，企业会在成本领先战略、差异化战略和集中化战略中选择一种战略，建立自己的竞争优势。

最早把战略与人力资源相联系起来的是美国学者詹姆斯·W. 沃克。沃克于1978 年在《将人力资源规划与战略规划联系起来》中，第一次从理论角度深入阐述了如何更好地实现人力资源管理机制与组织发展战略同步，初步提出将战略规划与人力资源规划联系起来的思想。这是战略性人力资源管理思想的萌芽。

关于人力资源战略的定义，中外学者根据自己的研究从不同的角度来进行界定。戴尔（1984）认为，人力资源战略是与人力资源管理的主要目标和实现途径相关的重要决策模式。Schuler 和 Walker（1990）认为，人力资源战略是程序和活动的集合，它通过人力资源部门和直线管理部门的努力来实现企业的战略目标，并以此来提高企业目前和未来的绩效及维持企业竞争优势。Wright 和 Mc-Manhan（1992）提出，人力资源战略是将组织与员工相联系，统一性与适应性相结合的系统化人力资源管理，是组织为了达到战略目标所采取的一系列有计划的战略性人力资源部署和管理行为。

王建民（2009）认为，一个企业的战略管理实践活动可以分为三个阶段：首先是战略制定阶段，包括组织使命的确定，企业内外部环境分析，拟定战略目标，提出战略方案；其次是战略实施阶段，包括调整组织结构，培育企业文化，优化激励机制；最后是战略评价阶段，通过绩效评估，不断审查战略的目标达成情况，及时修正战略方案。李燕萍和李锡元（2012）把人力资源战略定义为，企业为适应外部环境的迅速变化和内部人力资源管理的不断发展，制定对其人力资源管理活动具有重要指导意义的纲领性长远性规划。

"人才"是我国独有的词汇提法，人才战略是具有中国特色的概念。党的十三届四中全会之后，中共中央作出"人才资源是第一资源"的战略论断，突出了人才资源在我国现代化建设中的关键作用。20 世纪 80 年代，我国开始对人才资源的战略进行研究。1983 年 7 月，全国人才规划会议召开，在全国范围内组织开展专门人才队伍的现状调查和 2000 年人才需求预测，这可以说是我国最早的人才战略规划活动。2000 年，中央经济工作会议首次提出要制定和实施人才战略。关于人才战略的定义，王通讯和李维平（2004）指出，人才资源战略通常也被称为人才资源发展战略或人才资源开发战略，它是指一个国家、地区、系统或企业关于人才资源长远发展的总体谋划、总体思路。王通讯（2008）认为，在国家战略总体框架下，经济和社会发展战略是一级战略，人才发展战略是二级战略。

我国人才战略的提出过程：2001 年人才战略被写入国家"十五"计划，2002 年中央首次提出实施人才强国战略，2007 年党的十七大将人才强国战略明确为国家基本战略之一，2017 年党的十九大和 2020 年党的十九届五中全会重申人才强国战略在国家总体战略中居于核心地位。人才资源是第一资源的思想、人才强国战略的建立和党管人才原则的确立对我国人才资源发展发挥了不可估量的推动作用。

综合国内外学者的观点，本书把人力资源战略定义为：国家、地区或组织对人力资源发展前瞻性、全局性、长远性、纲领性的总体谋划，人力资源战略服务并作用于总体发展战略。

二、人力资源战略的特征和职能

（一）特征

全局性。战略本身就是一个具有全局性的概念。人力资源战略服务于一个国家、地区、组织的总体发展战略，是总体发展战略的重要组成部分，是为了实现总体发展战略目标而对自身人力资源进行的总体性谋划，具体包含招募、配置、培养、开发、竞争等方面。人力资源战略要围绕总体发展战略目标、站在整个国家、地区、组织的全局的角度进行制定与实施，总体发展战略与人力资源战略是整体与部分的关系，人力资源战略既要体现人力资源发展的总体观、全局观，又要体现总体发展战略的目的性、部分性，要突出和服从总体发展战略的主要利益、长远利益，同时要在人力资源发展上起到统揽作用、指挥作用。

前瞻性。人力资源战略作为对人力资源未来发展的长期性的总体谋划，属于国家、地区、组织关于人力资源管理领域的顶层设计，是基于现有人力资源的基础、发展环境、未来目标的充分分析与辩证思考而得出，要对未来发展有着敏锐的洞察力和分析判断能力，人力资源战略要体现出预测性、前瞻性、方向性，是人力资源管理领域高屋建瓴、统揽全局的总体谋略。

规律性。任何事物的发展都具有自己特有的规律性。辩证唯物主义认为，事物的内部矛盾（内因）是事物自身运动的源泉和动力，是事物发展的根本原因。外部矛盾（外因）是事物发展、变化的第二位的原因。内因是变化的根据，外因是变化的条件，外因通过内因而起作用。在我国，古人也对事物发展的因果律做出自己的判断，如《大学》中提到"物有本末，事有终始，知所先后，则近道矣"。人力资源发展也是具有自身的规律性，任何的发展都是在现有的基础上的前进，不能脱离现有基础而进行飞跃。这就要分清楚人力资源发展的内部矛盾和外部矛盾，抓住矛盾的主要方面和次要方面，认识发展规律、尊重发展规律、驾驭发展规律，制定出科学、合理、有效的人力资源战略。

长远性。战略是解决长期性、方向性问题的长远谋划、全局谋划，人力资源战略是相当长一段时期内对人力资源发展方向、发展规律、发展思考的谋划方略。它是在对本国、地区或组织未来发展的全局性思考、方向性谋略的基础之上，要对现有及未来人力资源的发展环境、发展条件、发展困境、发展目标进行综合考量，把握住发展规律、竞争优势，围绕总体发展战略进行的长远谋略、长期规划，达到优化资源配置、发挥竞争优势而实现总体发展战略目标的作用。

（二）职能作用

目标定位功能。人力资源战略是总体发展战略的重要组成部分，要配合总体发展战略的目标任务来确定人力资源战略的方向、领域和目标任务，具有较强的针对性、目标导向性，同时，其又是为总体发展战略服务的，也体现了总体发展战略的目的性、方向性。人是生产力最活跃的因素，邓小平说过科学技术是第一生产力，科学技术的创造与实施的主体是人，人力资源战略是为了实现国家、地区或组织的总体发展战略制定并实施的，只有科学有效的人力资源管理才能把人、财、物聚集并科学配置，实现科学技术与生产工具、生产资料高效结合，因此生产力才能提高，才能形成并不断提升竞争力。

资源分配功能。人力资源管理的过程就是对人力资源进行配置的过程，包括资源获取、资源分配，以及资源开发与利用。人力资源战略是对人力资源管理的方向性、长远性规定，是在现有人力资源的全面分析基础上对本国、地区或组织的人力资源管理提出了目标和要求，人力资源配置、使用、开发按照战略规划实施，有利于实现人力资源管理目标、提高人力资源管理效能、实现总体发展战略。

激励约束功能。在社会中人有着社会人、经济人的认知需求，既有生理性需求又有社会性需求，人与人之间心理关系微妙、社会关系错综复杂，按照马斯洛关于人的需求理论，可以分为生理需求、安全需求、归属与爱的需求、自尊需求、自我实现需求五个层次，实施人力资源战略，要有激励的目标和手段激发人的做事激情和潜能，从而形成组织发展合力、组织竞争力，同时也要有约束性的措施规范人的行为准则，避免产生偏差和负面影响产生的阻力导致战略不能正常实施。

竞争优势功能。人力资源战略的制定是对本身人力资源的全面、科学分析，是对本国、地区或组织总体发展的全面的战略性的认知，对指导人力资源管理与发展具有深远意义。在知识经济时代，竞争更多地体现在高精尖技术领域、科学管理领域，技术可以抄袭、产品可以模仿但掌握技术和知识的人才却难以替代，人作为知识和技术的掌握者、创造者，人才资源是稀缺的、是不可替代的，人才的竞争优势就是一个国家、一个地区或一个组织的竞争优势，习近平总书记在

2021 年中央人才工作会议上强调，综合国力竞争说到底是人才竞争。

（三）人力资源战略的构建与实施

人力资源战略制定要综合考虑多种因素，有的学者关注内因，认为人力资源战略是由内而外的制定模式；有的学者关注外因，认为人力资源战略为"企业战略驱动"的人力资源管理模式；有的学者则认为人力资源战略制定是企业内外环境交互过程的制定模式。

本书认为，人力资源战略制定应是以内因为主要因素，但也不能忽视外因的发展，需要同时考虑内外环境交互变化过程，是全局性、全盘性的计划和考虑，主要关注以下四个方面的内容：

1. 内外部环境分析

内部环境，也是内部条件，主要是调查分析本国家、地区或组织内部的人力资源环境，在对人力资源进行全面盘点后，形成对现有人力资源准备度的全方位、综合性、深层次的研判结论。根据吴国锋（2004）给出的定义，人力资源准备度反映了一个企业的人力资源冗余度或组织柔性，描述的是企业为实现战略目标最关键的几个战略工作群组的战略能力要求与当前实际能力之间的差距。人力资源作为发展的核心要素之一，是实现发展目标的基本保障，对于存量的人力资源进行全面分析，有利于对自身发展基础条件的认知，有利于促进总体战略的制定和实施。外部环境，即外部条件，主要是分析外部宏观环境，从企业角度来说，要了解顾客、企业合作方、竞争对手、行业发展、产业发展等多种因素；从国家或区域发展来看，要了解国际形势、国内形势、贸易规则、产业结构、产业政策、国民收入水平等。根据唯物辩证法观点，内因是推动事物发展的主要力量，但外因的改变也会影响事物发展。所以在制定人力资源战略时，要充分做好内部和外部环境分析，找到竞争优势和存在弱点，选择有效、可行的人力资源战略，发挥长处、补齐短板，联合运用其他战略手段共同促进总体发展战略目标的实现。

2. 总体发展战略关联分析与人力资源战略目标确定

全面研究并分析本国、地区或组织总体发展战略的目标要求，以总体发展战略为指导，把握发展方向、梳理发展要点、明确发展任务，选择出符合总体发展战略要求的人力资源战略，使人力资源战略服从并服务于总体发展战略，形成对总体发展战略的有效支撑；同时还要考虑与其他发展战略相互协同、相互促进，如与生产经营战略、产业发展战略、技术研发战略等同步谋划、同步部署、同步推进，要坚持总体发展战略目标指导和"多战略合一"，形成步调一致、协同发展的整体发展格局。

3. 人力资源投入与价值转化

人力资源投入是要根据人力资源战略需求情况，结合总体发展战略目标，有针对性地对现有人力资源进行补充、调整、优化。人力资源投入中的重点是高级核心人才和专业人才队伍的投入，既要结合自身条件进行独立自主培养，又要根据任务需要合理引进，为高层次人才营造良好的工作氛围，充分发挥人才的引领作用。人力资源价值转化，是通过塑造人力资源竞争优势，发挥人才专业素质力、创新创造力、高效执行力，进一步转换为技术竞争优势、产品竞争优势、产业竞争优势，从而形成本国、地区或组织的具有显著竞争优势的核心竞争力。

4. 人力资源战略评价与控制

虽然战略是长远性的目标，但实施战略是分步骤、分阶段的，同时随着内部环境和外部环境的变化，以及实施战略的效果影响，战略目标可能会有所调整，这就要求对战略进行阶段性评价和调控。人力资源战略的评价要结合工作绩效、员工及组织反映、关联战略效果以及总体发展战略等因素综合评估，在对战略的反思与评估中，不断完善和调整战略目标、实施举措。人力资源战略控制，是对实施战略过程的监督和风险管控。人力资源战略实施受到多种因素影响，既有个体上的差异，又有主观或客观上的不足，如部分人员缺乏责任心、对重要性认知不足、现实条件无法满足战略实施等，会造成人力资源战略的实施过程出现偏差，要及时找准问题原因，通过行政、法律、技术等手段进行有效干预和纠正，以确保人力资源战略不出现方向性、原则性错误，能继续有效匹配总体发展战略，保障总体发展战略的正常实施。

第二节　人力资源规划

一、人力资源规划的内涵

"规划"一词在我国古代就有筹谋策划之意，《五代史平话·周史·卷下》中"世宗乃自往视，授以规划，旬日而成，用工甚省"的规划作为较全面、较长远的发展策划，是对未来可预期的通盘谋划。人力资源规划针对人力资源管理而设定，是人力资源的未来长期发展的筹谋策划，也是用科学方法解决人力资源管理的方式和途径。

李燕萍和陈建安（2016）将人力资源规划区分为广义和狭义两种概念，并按导向性将各国学者人力资源规划的概念划分为过程导向论和战略导向论。其中，过程导向论以沃克（2001）为代表，侧重于将人力资源规划作为组织提供准确人力资源信息，进行人力资源精准预测的过程。沃克（1980）认为，人力资源规划是一种在不断变化的环境下分析组织人力资源需求和发展相关活动以满足组织需要的管理过程。战略导向论是以英国就业部门、斯坦纳、巴尔姆汉姆等为代表。1970年，英国就业部门（Department of Employment，UK）提出了人力资源规划是关于企业人力资源获取、使用、改进和保留的战略。巴尔姆汉姆（1988）认为，人力资源规划是关注人力资源使用效率，满足组织未来人力资源需求的战略。

本书认为，人力资源规划应兼具过程分析和战略导向作用，是在对组织的发展环境、发展目标及人力资源的分析研判下获取的全方位的人力资源信息，并在掌握信息的基础上对本组织的人力资源未来发展进行科学性筹划和预测性谋划，以确保组织在需要的时间和职位上获取合适的人力资源的过程。

二、人力资源规划与人力资源战略的区别

很多时候，一些学者对人力资源规划和人力资源战略并不区分，而是将人力资源规划和人力资源战略等同运用，常见的提法是人力资源战略规划。从本章前面的概念界定中可以看出，人力资源战略与人力资源规划虽然都是关于人力资源长远性的安排，相互联系、对象类似，但是在内涵实质及表现形式上仍存在差别（见表4-1）。

表4-1　人力资源战略与人力资源规划区别对比表

	人力资源战略	人力资源规划
相同点	1. 两者都是对人力资源长远性的安排，涉及人力资源未来发展问题，具有全局性、前瞻性	
	2. 两者都是对人力资源管理过程及目标的谋划	
	3. 两者都是以现有人力资源条件为基础，并与发展目标的结合，是对未来人力资源发展的谋划	
差异点	1. 战略理念更高。以人力资源发展规律性认识为指导，结合总体发展战略制定并实施	1. 人力资源规划是在人力资源战略理念指导下制定，从属并服务于战略
	2. 战略更宏观。人力资源战略是人力资源规划的总纲	2. 规划更具体。人力资源规划是人力资源战略的具体体现，更具操作性
	3. 战略从属于总体发展战略，强调系统性、整体性	3. 规划是战略分阶段的具体实施，实施动态调整

1. 相同点

第一，两者都是对本国、本地区或本组织人力资源的长远性安排，涉及未来的发展问题，具有全局性、前瞻性。第二，两者都是对人力资源管理的过程进行

谋划，既是过程管理的策划，又是目标管理的谋划。第三，两者都基于现有条件的认知，从实际基础出发，结合目标贯彻实施。

2. 差异点

第一，战略的理念高于规划的理念。人力资源战略是基于人力资源发展规律性认知的基础上，结合本国、地区或组织的人力资源现状，围绕总体发展战略而制定并实施的。人力资源规划是基于人力资源战略的指导下，对人力资源战略的再具体化、实践化、可操作化。第二，战略是规划的总纲。人力资源战略是人力资源领域发展的总的目标和纲要，体现了对未来较长时期内的理想化发展结果的设想，表述内容相对抽象。人力资源规划是由具体的操作性计划组成，步骤清晰、阶段性目标明确，内容更加具体、实践性更强。第三，人力资源战略与总体发展战略匹配度高。人力资源战略作为总体发展战略体系中的重要组成部分，围绕并服务于总体发展战略，强调的是系统性和整体性，不轻易进行调整或改变。人力资源规划时间跨度不一定与总体发展战略相同，可以根据总体发展战略的发展时期分阶段规划或进行适度调整，实施动态发展以适应战略发展的实际需要。

三、人力资源规划的组织、编制和实施

人力资源规划一般包含信息收集与分析、人力资源供求预测、人力资源规划编制、人力资源规划实施及人力资源规划评估五个步骤。

（一）信息收集与分析

本过程主要是对组织的内部环境、外部发展环境、总体发展战略及相关子战略体系、人力资源现状进行信息收集与分析研判。

内部环境要点：组织架构模式、组织机构设置、组织管理制度、组织文化建设、组织资产水平等。

外部环境要点：政治因素，包含相关政策及法律规定；经济因素，包含外部市场环境、市场竞争状况、资源分布等；技术因素，包含本组织采用的技术和工

艺、行业技术发展趋势、技术革新速度等；社会因素，包含社会文化、社会发展、社会各组织等。

战略体系要点：总体发展战略、生产战略、经营战略、销售战略、技术发展战略、资本运营战略、人力资源战略等。

人力资源要点：人员数量、人员素质、人才结构、岗位发展需求、员工发展需求等。

（二）人力资源供求预测

本过程主要是基于信息收集与分析的基础上，采用定性或定量的技术分析手段，对组织的人力资源需求量和供给量进行测算，以确定组织能够保持健康发展需要的人力资源供求值。一般可以分为现阶段人力资源供求、未来人力资源供求、未来人力资源变动趋势三个方面。

现阶段人力资源供求要点：组织内人力资源分各部门分各地区分布情况、岗位工作饱和度、岗位冗员或空缺情况、人岗匹配度等。

未来人力资源供求要点：人力资源培养和开发的力度、组织内各部门对人力资源的需求、组织机构的变动和调整及相应的人员岗位需求变化等。

未来人力资源变动趋势要点：人员晋升、调动、退休、死亡、辞职、解雇等变动，总体发展战略阶段性目标实现引发的组织架构调整、人员供求调整。

对人力资源供求预测从具体操作的技术方法来说，可以采用回归分析法、趋势分析法、散点分析法、调查问卷法、专家评估法等。

（三）人力资源规划编制

本过程主要是结合总体发展战略和人力资源战略，在分析并确定人力资源供求值的基础上，确立人力资源规划的目标，编制出人力资源发展规划和具体操作性的各业务子计划。

人力资源规划目标要点：战略目标下对组织核心竞争力的识别、建立和维持，内部环境和外部环境的准确认知下的人力资源有效配置，人力资源战略实施中人力资源管理过程的控制、协调与沟通。

人力资源规划编制要点：以总体规划加若干计划构成，如岗位职务规划、员工招聘计划、培训开发计划、薪酬激励计划、人员流动计划、绩效管理计划、职业生涯规划、裁员解聘计划等。

（四）人力资源规划实施

本过程主要是对规划及各业务子计划的贯彻落实，要有专人跟踪实施过程，及时反馈实施效果，做好部门之间的沟通、协调，确保实施环节和过程的可控。

人力资源规划实施过程是动态调整、持续优化的过程，一般分为建立初期、健全完善期和持续改进期三个阶段。建立初期，主要是制度建立和执行的初级阶段，规划开始实行，措施正在落实，问题会逐步显现；健全完善期，主要是制定新措施对原有制度措施进行改进优化阶段，经过一段时期规划的执行，积累的问题影响到了下一步的工作，需要对制度进行升级完善；持续改进期，主要是根据组织不同的战略发展阶段，调整业务发展方向，不断健全完善制度和措施，解决新遇到的发展困境，持续优化调整组织人力资源配置。

（五）人力资源规划评估

本过程主要是对人力资源规划的制定过程、实施过程和实施效果进行综合评价，找到规划制定与执行中存在的问题或偏差，及时解决问题，调整规划目标，以确保人力资源战略目标和总体发展战略目标得以顺利实现。

人力资源规划的有效性需要通过评估来确认，当前采用评估工具主要有关键指标评估法、成本评估法、会计评估法、声誉评估法、标杆法。

人力资源规划评估的要点：评估使用信息、数据来源的质量、数量及可靠性，评估选择的因素与人力资源的关联度，人力资源规划者与其他业务部门的联系度以及对其他部门工作性质的熟悉度，决策者对人力资源规划的认知度和支持度，人力资源规划的可操作性、可执行性，人力资源规划执行结果与预测结果的相符性，人力资源规划实施与组织生产率、成本及收益变化的相关性，人力资源规划实施与市场反馈及服务对象（顾客、雇主）的评价关联性等。

第三节　事业单位人力资源战略与规划的实施

　　事业单位是我国独有的具有公益性的公有非营利性组织机构，服务于党和国家事业，根据国家人才战略发展需要和单位自身发展需要制定并实施符合本单位实际及特点的人力资源战略和规划。

　　习近平总书记在中央人才工作会议上强调，要坚持党管人才，坚持面向世界科技前沿、面向经济主战场、面向国家重大需求、面向人民生命健康，深入实施新时代人才强国战略，全方位培养、引进、用好人才，加快建设世界重要人才中心和创新高地，为 2035 年基本实现社会主义现代化提供人才支撑，为 2050 年全面建成社会主义现代化强国打好人才基础。

　　党的二十大报告提出，深入实施人才强国战略。培养造就大批德才兼备的高素质人才，是国家和民族长远发展大计。坚持党管人才原则，坚持尊重劳动、尊重知识、尊重人才、尊重创造，实施更加积极、更加开放、更加有效的人才政策，引导广大人才爱党报国、敬业奉献、服务人民。完善人才战略布局，坚持各方面人才一起抓；加快建设世界重要人才中心和创新高低；加快建设国家战略人才力量；加强人才国际交流，用好用活各类人才；深化人才发展体制机制改革。

一、事业单位人力资源战略的基本特点

（一）党管人才

　　党管人才是中国共产党人才工作的法宝，也是中国共产党团结带领全国各族儿女从革命战争年代到现在社会主义现代化建设时期总结出来的宝贵经验。党管

人才，就是要发挥各级党委（党组）在人才工作中的核心领导地位；各级党委组织部门要在党委领导下，切实担负人才工作牵头抓总的责任；各部门按照统一领导、分类管理的原则在人才工作和人才队伍建设中要各司其职、各尽其责；各用人单位要自觉做好本单位人才工作；引导和支持社会力量广泛参与人才工作。事业单位人力资源战略必须毫不动摇地坚持党管人才原则，体现党管人才的决策部署。

（二）服务发展

当前人才工作改革与发展的突出问题是中国特色社会主义发展、社会主义现代化建设中人才资源发展存在不平衡不充分的问题，人是社会生产力中最活跃的因素，国家发展靠人才、民族振兴靠人才，人才工作的好坏可以影响着我国社会主义现代化建设和中华民族伟大复兴的进程。事业单位人力资源战略必须为党和国家的中心任务服务，必须为国家发展战略服务，起到促进国家及地区经济社会发展的作用。事业单位要为经济社会发展提供高质量的公益性服务，必须依赖高素质的人才队伍建设，数量合适、结构合理、素质较高的人才支撑也是本单位高质量发展的必备条件之一。事业单位作为我国人才资源比较集中的部门，紧紧围绕发展这一执政兴国的第一要务，必须实施国家人才强国战略，建设好规模庞大、高素质、高水平的人才队伍，为发展提供强有力的人才支撑，真正担负起社会主义现代化建设和中华民族伟大复兴的重任。

（三）人才优先

教育、科技、人才是全面建设社会主义现代化国家的基础性、战略性支撑。人才优先是要在社会主义现代化建设总体发展战略中强调人才优先发展，人才强国战略中体现人才优先发展，要充分发挥人才的基础性、战略性作用，做到人才资源优先开发、人才结构优先调整、人才投资优先保证、人才制度优先创新，社会主义现代化建设、社会主义事业发展、本单位发展与科技进步、劳动者素质提高、管理创新协同推进。

（四）全方位育才选才用才

事业单位人力资源战略要充分考虑服务总体发展战略目标如何做好人才开发培养、人才引进交流、用好用活人才的全方位人才工作。要坚持为党育人、为国育才，培养造就大批德才兼备的高素质人才，要做到聚天下英才而用之，坚持社会各界、五湖四海选人用人，要扩大对外开放，加强人才国际交流合作，开发利用国内国际两种人才资源，建设国家战略人才力量，用好用活各类人才，特殊重点人才、领军人才特别施策。有条件的地区或单位要结合实际，突出对国内外高端人才具有吸引力的世界重要人才中心和创新高地的战略目标。

（五）以人为本

中国共产党的根本宗旨和我国社会主义性质决定了我们党和国家的一切工作都是以实现人的全面发展为目标，从人民群众的根本利益出发谋发展、促发展，不断满足人民群众对美好生活的需要，让发展的成果惠及全体人民。事业单位人力资源战略不仅是为了促进社会事业和单位发展，更要关注单位各类人才资源自身的发展，创建积极向上、凝结人心的组织文化，将本单位全体人力资源的个人价值实现贯穿于组织发展战略过程，体现出个人发展与组织发展、事业发展同步，制定科学高效的人才管理机制，提供干事创业的工作平台，构建充分体现知识、技术等创新要素价值的收益分配机制，营造人才为本、信任人才、尊重人才、善待人才、包容人才的积极、欢快、愉悦的工作氛围。

二、事业单位人力资源战略目标的确定

人才强国战略是我国的人才发展战略。事业单位人力资源战略目标就是落实国家人才强国战略而制定的事业单位人才发展所要实现的具有战略意义的目标，是事业单位人才战略预期实现的最终结果。事业单位人才战略目标主要包括人才总量目标、人才素质目标、人才结构目标、人才效能目标、人才环境目标等。

（一）人才总量目标

根据内外环境分析及人才需求预测，结合本单位发展实际，同时考虑可能出

现的一些变化和调整等因素，要充分考虑事业单位实施编制管理的特殊性，对编制管理人员及外聘人员进行数量控制，确定本单位未来的战略发展期内人才资源达到数量和规模上的量度，实现人才总量适度可控，与发展水平相适应。

（二）人才素质目标

人才素质目标考量的是人才资源在质量上的量度，可以通过学历或职称层次的人才数量进行辨别和界定。到战略发展期末，本单位本组织人才素质大幅提升，平均受教育水平明显改善，高学历、高层次、高水平的人才比重显著增加，具体体现在：大学专科以上学历人员所占比重提高，其中，硕士研究生、博士研究生所占比例均有提升；专业技术职称人员所占比重提高，其中，高级职称以上比例有明显增加；高技能人才总量增加，其中，技师、高级技师数量也在增加。

（三）人才结构目标

人才结构目标是考量人才资源在组织内的组合与联系的方式，是否能形成高效高质的人力资源运作模式，为组织发展提供强大的推动力和支撑力。纵向考虑组织架构模式、管理层及各功能部门、每个层级的人员分布、同一层级的人员年龄结构及梯队建设需求等；横向考虑各功能部门间联系及人员岗位配置、同一部门间岗位设置、人员配备需求等。

（四）人才效能目标

人才效能直观上反映的是人才的投入产出，本质上看反映的是人力资源系统的有效性。人才效能目标可以通过人力资源投资回报率和单位劳动生产率等指标来体现，人力资源投资回报率和单位的劳动生产率的提高依赖于人才投入、人才优化配置等，具体评价指标可纳入研发资金投入、教育培训投入、人才参训率、人岗匹配度等。

（五）人才环境目标

第一，人才培养开发环境，建立健全人才培养开发机制，结合实际需求多渠道多途径多方式对不同的人才群体进行培养开发；第二，人才选拔任用环境，聘用制度和岗位管理相结合，打破身份限制和岗位限制，人才流动实现横向互通、纵向畅通，建立人才能上能下机制，畅通职务晋升通道、职称晋级通道；第三，人才绩效评价环境，围绕战略发展目标，以道德约束为前提、以岗位职能为基础、以能力业绩为导向、以价值创造为核心，对人才的德、能、勤、绩、廉等方面进行综合性考核评价；第四，人才激励机制，坚持按劳分配为主，知识、技术、管理、技能等生产要素参与分配，建立健全经济奖励和社会荣誉相结合的人才奖励制度，将个人奖励与事业激励有机融合，为优秀人才提供更加广阔的施展才华的空间；第五，组织文化环境，强调以人为本，加强组织文化建设，发挥员工主体作用，关心关爱员工，改善工作环境，丰富业余生活，注重员工个人价值实现，促使员工愿景与组织目标逐步趋同，个人发展与组织发展相互进步。

三、事业单位人才战略及规划的制定与实施

（一）内部环境和外部环境分析——信息收集阶段

外部环境评价。重点分析政治环境、经济环境、社会环境、技术业务环境、行业环境。政治环境包括党、国家及单位所在地区有关人才战略方面的路线、方针、政策，国际政治局势、国际关系及国际人才交流涉及的国家法律规定等。经济环境主要指单位所在地区经济发展水平。社会环境主要指单位所在地区的社会综合评价情况，包括价值观、生活方式、风俗习惯、安全状况等。技术业务环境主要是当前社会生产中采用的技术手段、业务管理方式。行业环境主要是单位所在行业或存在人才竞争的相近行业，重点关注合作者、竞争者及其他人才资源供需方。

内部环境评价。重点分析单位总体发展战略、人力资源状况、组织制度、组织内部优劣势、财务状况等。全面考虑本单位总体发展战略、人才强国战略，调查分析本单位现有人力资源状况，研究分析现有政策及制度，从中识别具有战略意义的人力资源问题。

（二）人才战略的选择——目标确定阶段

通过人力资源内部环境和外部环境研究与分析，形成最终研究结果，并以此来确立成熟可靠、切合实际的人才发展战略。在选择人才发展战略时，必须结合党和国家的人才强国战略目标，以单位总体发展战略为指导，与其他战略一起共同组成单位的总体发展战略，协同发展、共同保障其总体发展战略的实施。

战略选择导向。一是成本导向，战略期内以减少单位综合成本为目标，合理提供人才资源的配给数量，优化人才资源配置，以最小的经济效益配置最优的人才资源并适应单位发展需要。此类战略适用于当前单位遇到暂时性的生产经营困难，成本压力较大时，保障生存和维持正常运营作为第一要务。二是技术导向，战略期内以提高单位技术打造核心竞争力为目标，以高层次人才或高技能人才为重点培养开发对象和引进对象，强化重点人才支撑，进一步促进单位技术创新发展。此类战略适用于单位面临竞争较激烈或在某领域具有重要地位，且具备较强竞争优势时，需要继续引领某一业务领域发展或保持强有力的竞争地位。三是效益导向，战略期内以提高单位综合服务能力和公共服务效能为目标，各层次人才的培养、开发及引进均有涉及。此类战略适用于单位面临的竞争较小，且人财物资源均有较强保障，发展目标是为提供优质的社会公共产品及服务，对人才资源的可选择性较广。

（三）人才战略规划的编制——方案制定阶段

一是搭建总体框架。在确定的人力资源战略目标基础上，制定单位人力资源战略规划的总体框架。总体框架需要明确的事项：①战略期限，从规划开始到目标实现的时间。②人才总量，战略期内本单位人才资源总量达到的目标。③人才队伍结构，战略期内本单位人才队伍优化目标。④人才发展环境，战略期内本单位人才环境的发展目标。

二是编制子战略。如减员增效战略、人才选拔战略、人才培养战略、人才使用战略等。

三是编制具体任务规划。①对战略期进行分解，区分短期、中期、长期目标。②人才招聘规划。③人才缩减规划。④人才培训与开发规划。⑤人才晋升规划。⑥人才交流使用规划。⑦人才激励规划。⑧职业生涯规划。⑨组织文化建设规划。

（四）人才战略规划的实施——行动实施阶段

一是加大投入。单位从管理层到一线工作人员都要明确自身职责，积极投身于人才战略规划的实施过程，要设专人负责跟踪整个战略实施过程。同时，加大对实施过程中的资源投入，如场地、设备、资金等。

二是协调配合。纵向到底、横向到边，从领导层到普通工作人员，各部门内部及部门之间均要充分认识战略规划实施的重要性，要本着对单位发展的共同的理想追求，积极协调、主动配合人才战略规划各项任务的具体落实。

三是综合施策。人才战略规划的各项具体任务既有独立性又有联系性，要按照规划目标和时间节点综合推进，共同发力。

（五）人才战略规划的评价和控制——监控调整阶段

一是评价过程。主要考虑的评价因素：人才战略与外部环境发展趋势是否匹配、人才战略是否保证总体发展战略目标的实现、人才战略是否确保单位取得竞争优势、人才战略是否促进单位获得最大利益（经济效益、社会效益综合考虑）、人才战略是否可以正常实施。

二是控制过程。首先是确定控制目标。一般选择直接影响人才战略规划实施的控制目标，尤其是要关注总体发展战略及人才战略关联性较强的控制目标。其次是制定控制标准。控制标准要依据控制目标制定，包括定性标准和定量标准。定性标准如人才的工作条件、生活待遇、培训计划、配置组合、能力发挥效果、对总体发展战略的支持程度；定量标准如人才的发展规模、结构、流动率、创新成果等。再次是建立反馈体系，要建立起完整、准确并及时反馈和纠正的系统，能从实施过程获得战略规划实施的信息并迅速传送到管理控制部门。管理控制部门可以对反馈的实施结果进行控制评价，从而做出纠正。最后是采取调整控制。根据对照控制标准做出的反馈评价结果，发现结果与控制标准存在偏差时，需要及时采取措施进行纠正。一般情况下是对实施过程进行纠错调整，如对部门不利的要求需要及时调整，重新配置资源配给不到位的资源；但如果因外部环境变化导致人才战略规划无法继续实施的，应及时调整人才战略规划目标。

第五章　事业单位机构编制与岗位设置

第一节　含义及意义

一、事业单位机构编制管理的含义及意义

事业单位作为一种从事教育、科技、文化、卫生等公益性服务的组织机构，与国家机关同样实行由中央统一领导的编制管理，不同之处在于国家机关使用的是行政编制，事业单位使用的是事业编制。

事业单位机构编制管理是指在党和国家的统筹调控下，各级机关和有关部门根据经济社会发展需求，严格按照法定权限以及程序，对事业单位的职能确定、机构设置以及人员结构（即常说的"三定"）进行一系列管理的过程。

事业单位机构编制管理具有重要意义，一是有利于建立高效的组织体系，对国家治理体系现代化起到基础作用。科学的机构设置和人员结构是组织活动的基本条件，也是组织体系高效协调运转的基础。在全面建成社会主义现代化强国、实现第二个百年奋斗目标的进程中，坚持党管组织、党管干部，落实贯彻党和国家的各项方针政策，都需要科学有效的机构编制管理来提供保障。二

是有助于经济社会良性发展。机构编制管理是一项系统性、综合性、创新性的工作，以《中国共产党机构编制工作条例》为行动指南，在各级机构编制委员会与组织人事、财政部门协调合作的基础上，严密科学地进行机构设置优化和人员结构调整，充分发挥事业单位机构编制工作为社会主义强国建设发展助力的重要作用。三是有益于推进全面依法治国。事业单位机构编制管理是国家治理体系的组成部分，也是依法行政和依法治国的内在要求。事业单位机构编制管理是否科学合理，直接关系到组织运转效能和经济社会发展，关乎党的执政能力和水平。

二、事业单位岗位设置管理的含义及意义

事业单位实行岗位设置管理制度，是指事业单位在坚持国家宏观调控的前提下，为实现社会公益目的和组织发展目标，按照科学合理和精简效能的原则，根据自身社会职责和工作特点设置工作岗位，进而明确岗位名称、岗位任务、工作标准和任职条件等的动态过程。

事业单位岗位设置管理以《事业单位岗位设置管理试行办法》为依据，对事业单位人事制度改革和社会公益事业发展具有重要意义。一是有利于调动事业单位各类工作人员的积极性和创造性。岗位设置管理实现了事业单位工作人员从身份管理向岗位管理的转变，为事业单位种类繁多的岗位制定了通用等级标准，从而为人才成长搭建了通道。二是有助于深化事业单位人事制度改革。事业单位岗位设置管理是一项与收入分配制度等人事管理制度相互协同配合的系统工作。通过岗位设置管理，明确了岗位设置与岗位聘用的关系，也明确了各个岗位对应的岗位工资待遇，从而为按需设岗、按岗聘用、以岗定薪、岗变薪变提供了政策依据。三是有益于促进经济社会良性发展。岗位设置管理与事业单位广大工作人员的利益息息相关，坚持将事业单位岗位设置管理与用人机制转换相结合，是坚持以人为本理念的表现，更能正确处理改革发展稳定的关系，从而促进经济社会

发展和社会公益事业发展的客观要求。

第二节 机构编制管理

一、机构编制管理的原则

（一）坚持统一管理

事业单位机构编制工作始终坚持党中央的集中统一管理，地方服从中央，下级服从上级，部分服从整体。坚持民主集中制，将党的领导贯彻到事业单位机构编制工作的全过程和各方面，始终坚持党的全面领导，确保党中央的方针政策有效实施。

（二）坚持精简高效

事业单位机构编制管理的核心在于精简高效。在机构编制管理中，要注意实施精简原则，严控总量、统筹使用、科学增减，从而加快事业单位适应经济社会发展的能力、降低运营成本、提升事业单位整体工作效率，实现围绕中心、服务大局的功能，保障党和国家事业发展，更好地满足人民日益增长的美好生活需要。

（三）坚持刚性约束

事业单位机构编制管理要始终坚持法治思维，依据国家法律法规以及相关具体规定履行法定程序，确保机构编制管理的严肃性和权威性，切实将机构编制管理工作纳入法治化轨道。机构编制一经确定必须严格执行，事业单位聘用工作人员、配备领导干部、核拨人员经费等应以机构编制为基本依据。

（四）坚持效能提升

事业单位机构编制管理的目的在于提升整体效能，从而更好地适应新时代新形势的要求。通过规范部门职能、合理设置机构、优化人员编制，从而形成统分结合、分工合理、运行高效、监督有力的工作体系，促进事业单位整体效能提升。

二、机构编制管理的内容

事业编制是辅助编制，事业编制按照财政来源可分为全额事业编制、差额事业编制和自收自支事业编制三种。

全额事业编制即全额财政拨款事业编制，多为一些公益性事业单位和部分具有行政执法职能的事业单位，该类单位不可以进行自主创收，完全靠财政拨款，如公办义务教育学校、博物馆、文化馆、防疫站、海事局等。差额事业编制多用于由财政进行差额拨款、待遇和收入在一定程度上挂钩的事业单位，如公立医院、公立大学、日报社、广播电视台等。自收自支事业编制多用于一些服务型事业单位，其待遇和经营状况息息相关，如政府招待所、设计院、政府直属印刷所等，随着事业单位的改革将逐步改制成企业。

事业单位机构编制管理主要包括职能管理、机构编制管理、人员编制管理等内容。职能管理是事业单位机构编制管理的基础和重要内容，主要指国家根据一定时期内的发展需要和方针政策，对事业单位的工作任务和职责权限等进行划分管理的行为，具体表现为及时调整事业单位职能配置体系、完善事业单位"三定"、细化事业单位职责内容、建立健全部门间协调配合机制等。机构编制管理是指根据经济社会发展需求，运用科学方法对事业单位的名称、级别、性质、内设机构数量、人员数额等进行明确的管理行为。人员编制管理是指对事业单位的人员配置结构、编制数量和领导职数等进行管理，通过合理配置机构、人员、职能，实现组织高效率运转的行为，具体表现为核定人员编制总额、制定人员编制方案、制定人员编制标准和增减调整人员编制等。

三、机构编制管理的程序

依据《中国共产党机构编制工作条例》，事业单位机构编制管理按照以下程序进行：一是组织论证。在党中央集中统一领导下，各级机构编制委员会对机构编制事宜进行深入调研和审查的基础上，进行专家论证和风险评估，并充分听取各方面意见。二是审议决定。机构编制事项的审批须严格遵守管理权限，按照程序报批。三是组织实施。由中央机构编制委员会和地方各级党委按照党中央统一部署，依据权限组织实施机构编制管理。四是监督问责。机构编制管理工作要坚持依法依规，避免违法违纪行为，各地区各部门党委（党组）对本地区本部门机构编制管理和监督负责。

第三节　岗位设置管理

一、岗位设置管理的原则

（一）坚持科学设岗

事业单位岗位设置管理要兼顾事业发展和以人为本，既要从社会事业发展需要、单位职责功能发挥和实际工作需要出发，又要着眼于各类人才的成长发展和作用发挥。管理岗位的设置管理要立足于提升管理水平和工作效率，增强事业单位运转效能；专业技术岗位的设置管理要立足于提升专业技术水平和能力，满足事业单位事业发展需求；工勤岗位的设置管理要立足于提高实践操作水平和技能，满足服务需求。

（二）坚持结构优化

事业单位岗位设置管理是一个主次结合、配合协作的系统工程，要从整体上把握设置的合理性，形成科学的岗位结构。从事业单位自身的性质和特点出发，既要考虑到主业岗位，也要兼顾辅助岗位；既要保证高级、中级、初级岗位均有设置，又要兼顾科学合理的梯形岗位层级结构，从而真正发挥出岗位设置管理的科学高效、精简协调的功能。

（三）宏观调控原则

事业单位岗位设置管理不是一成不变的，要根据经济社会发展以及事业单位功能调整等需求，在核定的岗位总量和结构比例内，根据具体需要对岗位设置进行动态跟踪及调整。坚持从严设置，保证重点、兼顾一般，在许可范围内向重点领域和岗位倾斜，确保岗位设置与经济社会发展相适应。

（四）坚持依规管理

事业单位岗位设置管理要严格依据《事业单位岗位设置管理试行办法》进行，按照规定程序、遵守核准制度，确保岗位设置工作依法依规有序地进行。对于不按规定进行岗位设置的事业单位，政府人事行政部门及有关部门不予确认岗位等级、兑现工资、核拨经费。情节严重的，对相关领导和责任人予以通报批评，按照人事管理权限给予相应的纪律处分。

二、岗位设置管理的内容

在事业单位范畴内，岗位设置管理适用于具有社会公益目的，由国家机关举办或者其他组织利用国有资产举办的事业单位，包含财政拨款、部分财政拨款以及经费自理的事业单位。

事业单位的管理人员、专业技术人员及工勤技能人员，均纳入事业单位岗位设置管理。使用事业编制的各类协会、学会等社会团体的工作人员，同样纳入事业单位岗位设置管理。岗位设置管理中如涉及事业单位领导人员的，按照干部人事管理权限的有关规定执行。

事业单位的具体岗位分为管理岗位、专业技术岗位及工勤技能岗位三种类别。其中管理岗位分为 10 个等级，即一至十级职员岗位，分别对应事业单位现行的部级正职、部级副职、厅级正职、厅级副职、处级正职、处级副职、科级正职、科级副职、科员和办事员；专业技术岗位分为 13 个等级，包括高级一至七级 7 个岗位、中级八至十级 3 个岗位和初级十一至十三级 3 个岗位；工勤技能岗位分为技术工岗位和普通工岗位，其中技术工岗位分为一至五级 5 个等级，普通工岗位不分等级（见表 5-1）。

表 5-1 事业单位岗位等级表

管理岗位	专业技术岗位		工勤技能岗位	
一级	一级			一级
二级	二级			二级
三级	三级		技术工	三级
四级	四级	高级		四级
五级	五级			五级
六级	六级		普通工	
七级	七级			
八级	八级			
九级	九级	中级		
十级	十级			
	十一级			
	十二级	初级		
	十三级			

　　事业单位岗位设置管理要根据事业单位自身的社会功能、职责任务以及人员结构特点，对管理岗位、专业技术岗位和工勤技能岗位实行总量结构比例控制和最高等级控制。

　　事业单位管理岗位、专业技术岗位和工勤技能岗位的基本任职条件有以下几点：一是要遵守宪法和法律；二是要具有良好品行；三是具备岗位所需的专业、能力或者技能条件；四是具备适应岗位要求的身体条件。

三、岗位设置管理的程序

依据《事业单位岗位设置管理试行办法》，事业单位设置岗位按照以下程序进行：一是制定事业单位岗位设置方案，填写岗位设置审核表；二是严格按照程序报主管部门审核和政府人事行政部门核准；三是在经过核准的岗位总量、结构比例和最高等级限额内，制定事业单位岗位设置实施方案；四是广泛听取单位工作人员对岗位设置实施方案的意见；五是事业单位岗位设置实施方案经单位负责人员集体讨论通过；六是具体组织实施。

第四节　案例分析

一、案例详情

近年来，我国地方各级机构编制部门认真贯彻落实党的十九大提出的"统筹使用各类编制资源，形成科学合理的管理体制"，站在党和国家事业发展全局的高度，充分认识到机构编制是重要的政治资源和执政资源，立足机构编制部门职能职责，坚持从本地事业发展需要和机构编制现状出发，创新工作理念、打破发展壁垒、深化编制改革、优化编制布局、挖掘编制潜力，极大地提升了事业单位机构编制资源使用效益，取得了积极成效。

山东省、安徽省等出台了地方性事业单位机构编制管理政策文件，如《山东省事业单位机构编制管理规定》《安徽省事业单位机构设置和编制管理规定》《陕西省省属事业单位机构编制管理办法（试行）》《河南省事业单位机构编制管理办法》等，在事业单位管理权限和程序、机构管理、编制管理、监督检查等方面作了明确规定。

其他地方也相继在事业单位编制管理领域开展了探索创新，出台了《杭州市中小学校机构编制管理办法》《杭州市市属公立医院机构编制管理暂行办法》《南通市事业单位机构编制管理办法（试行）》《赤水市创新事业单位编制管理服务经济社会发展的实施办法（试行）》《赤水市事业单位执行机构编制情况和使用效益评估办法（试行）》《松阳县事业单位编制周转池管理办法》等，取得了积极成效。

各省各地在工作实践中形成了许多行之有效的特色亮点做法。有的省份针对高等学校、公立医院、科研院所等事业单位实行备案管理制度，单位可以按照规定自主设置内设机构。有的省份加强事业单位机构编制执行情况和使用效益评估，并强化结果应用。有的省份运用新技术、大数据创新机构编制管理，建立机构编制管理同组织人事、财政预算管理共享的信息平台。有的地方探索建立事业编制统筹使用机制，按照一定比例精简事业单位编制、收回事业单位空编，建立事业编制"银行""周转池"等，将精简收回的编制活化周转使用。有的地方将事业单位编制积极向基层一线倾斜，创新基层编制配置方式，实现编制与职能联动下沉。有的地方将事业单位编制优先用于重点领域、人才领域和民生领域的乡村振兴、医疗保障和"双一流"人才等项目。有的地方探索事业单位机构编制绩效评估结果应用，对年度评估结果优秀的事业单位给予优先审批、优先用编的优惠政策。

二、案例解析

各地通过创新事业单位编制管理举措，积极拓展编制使用途径，有效促进了事业单位编制的合理流动，释放存量资源红利，一定程度上缓解了重点领域和关键岗位编制紧张的问题，对地方经济社会良性发展提供了组织保障。

事业单位编制管理工作是一项综合性工作，需要中央机构编制委员会办公室、中华人民共和国人力资源和社会保障部、中华人民共和国财政部等多个部门协同联动、密切配合，才能形成工作合力，将事业单位工作人员招聘、录用、调配、工资等多个环节形成有机串联，编织起事业单位工作人员编制管理和人事管理的"大网"，切实提高事业单位编制资源使用效益和人事管理效益。

由于多种原因，目前事业单位编制管理还客观存在一些问题，如管理手段相对粗放滞后、编制资源使用不够科学、部分编制长期闲置、各地编制保障存在不平衡等现象，亟须积极探索统筹使用编制资源的创新途径，逐步破解上述问题，有效释放编制资源的整体活力和优势。

三、启示与思考

编制管理工作是党的重要工作。坚持党对编制工作的集中统一领导既是根本政治纪律和政治规矩，也是落实党管机构编制原则的关键和根本。要从根本上提高政治站位，充分认识到编制资源是重要、稀缺的政治资源和执政资源，增强全局观念和系统观念，坚持党管编制、坚持协同创新、坚持积极稳妥，才能实现编制资源的效用最大化。

创新是各项事业发展的源泉，是推动编制管理事业进步的动力。面对新的发展形势，事业单位编制管理要探索在理念、制度和工作方法等方面实现创新，不断深化改革、创新管理，同时充分利用大数据、云计算等现代科学技术，加强编制的跟踪了解和监测分析，实现编制资源的精准投放和科学配置，实现"好钢用在刀刃上"，将宝贵的事业单位编制资源用活、用好。

要增强编制政策法规和纪律意识，严格依据《中国共产党机构编制工作条例》开展编制管理工作。针对部分地区、事业单位对编制管理工作认识不深、研究不多、纪律意识淡薄等问题，要创新编制工作监督检查机制，保证党中央对事业单位编制工作的集中统一领导，对工作程序进行规范化管理，防止出现滥用职权、私相授受等不正之风，提高事业单位编制管理工作的水平和质量。

第六章　事业单位人力资源招用

第一节　含义及意义

一、事业单位人力资源招用的内涵

事业单位人力资源招用工作包括人员招募与领导干部选拔任用两个方面，二者互为补充。

事业单位人员招募也称事业单位公开招聘人员工作，主要参照中华人民共和国人事部印发的《事业单位公开招聘人员暂行规定》及各地事业单位公开招聘工作人员相关规定，结合单位实际情况开展。具体指在人力资源规划的基础上，采取多种举措和手段吸引并甄选求职者，补充组织职位空缺的过程，可以说是人力资源管理工作的"入口"环节。

事业单位领导干部选拔任用工作参照中共中央办公厅印发的《事业单位领导人员管理规定》及有关规定，结合单位自身实际开展。具体是指立足事业单位发展需要，依据岗位空缺情况，采取多种方式严格规范工作程序，充分运用领导干部选拔任用机制和管理监督机制，选优配强事业单位高素质专业化领导干部队伍的过程。

二、事业单位人力资源招用的原则

（一）坚持党管人才

事业单位人力资源的招募与选用必须坚持党管人才、党管干部原则，在招聘"入口"环节和提拔任用环节都要确保人力资源工作的政治方向。要将思想政治素质高、理想信念坚定、坚决贯彻执行党的理论和路线方针政策、自觉在思想上、政治上、行动上同党中央保持高度一致的人才吸引到组织中来，并以更高的政治标准去衡量、选拔领导干部。

（二）坚持德才兼备

坚持德才兼备、以德为先，是我党一贯的选人用人原则。要在事业单位人力资源招用中坚持该原则，将品行端正、为人正派、实事求是、业务过硬的人才招募进来，不断提升人才的政治素养和业务能力，避免"德不配位"情况的发生，确保才配其德。

（三）坚持事业为上

新时代的事业单位人力资源招用工作，要秉承"事业为上、人岗相适、担当作为、人事相宜"的原则，一切以组织需要和事业发展为出发点，人员招募和领导干部选拔任用要突出实践实干，做到事业发展需要什么样的人员就招聘什么样的人员，组织需要什么样的干部就提拔什么样的干部。

（四）坚持平等公开

事业单位人力资源招用工作要坚持依法依规、公开平等。及时公开人员招聘与选拔任用的信息，按照规定程序认真开展，并在实施过程中坚持一视同仁，不设不平等的限制性条件，提升人才招用的规范性和专业化水平。

三、事业单位人力资源招用的意义

（一）有利于引入获取优秀人才

事业单位人力资源招用工作拓宽了选人、进人、用人渠道，拓展了选人、进人、用人视野，提升了选人、进人、用人规范化和制度化，从而为事业单位引入高素质人才、客观公正地选用人才提供了保证，从根本上维护了劳动者和用人单位的合法权益，体现了社会就业的公平性。

（二）有利于维护人才队伍稳定

事业单位通过人力资源招用，可以创造公开、公平、公正的选人、进人、用人环境，优化组织内部人员结构，通过公平竞争为人才脱颖而出创造机会，敢于引进、勇于使用，打造"带不走"的人才队伍，以人才队伍的稳定性为事业单位可持续发展创造条件。

（三）有利于激发人才队伍活力

充分发挥事业单位在人才引进和使用中的积极作用，通过公开、公平、公正的选人、进人、用人机制，可以让事业单位人才队伍结构更加优化，打造引才用才"大舞台"，使各类人才的干事创业劲头更足，不断激发人才队伍活力。

（四）有利于组织战略目标实现

事业单位人才是我国人才队伍的骨干和中坚力量，是推动经济社会发展的重要组成部分。事业单位人力资源科学招用，可以进一步充实事业单位人才队伍力量，提高人才队伍素质，从而为组织战略目标的实现提供人才保障。

第二节　人员招聘

一、人员招聘的主要途径

（一）广告招聘

广告招聘是事业单位公开招聘最传统、最常用也是最有效的方法之一，是指通过报纸、杂志、广播、电视、网站等大众媒体面向社会和公众发布招聘信息，进而吸引人才应聘的一种外部招聘方式。该招聘方式应用广泛、收效快速、覆盖人群广，可以保证信息达到率，收到大量应聘简历，同时对用人单位本身具有一定的宣传推广作用。

（二）网络招聘

网络招聘是伴随日趋成熟的互联网技术而发展起来的一种新型招聘方式，是指运用现代先进技术手段，借助用人单位官网或者第三方专业招聘网站，通过用人单位和应聘者之间交互式的交流，进而完成招聘过程。网络招聘具有不可比拟的覆盖面广、时效性强、成本低廉、针对性强和筛选功能强大等优势，在美国等国家应用广泛。

（三）校园招聘

校园招聘的对象是学校各类别各层次应届毕业生群体，可以采取直接到学校进行应届毕业生招聘，如进行校园宣讲、专场招聘、参加校园招聘会等，或者通过实习生招募、选秀竞赛等各种方式招聘应届毕业生等形式。该招聘方式具有时间相对集中、招聘对象较为局限等特点，有利于招聘到年轻有活力、高素质、可塑性强的职场新人、优秀人才。

（四）中介招聘

中介招聘是指通过职业中介机构、猎头公司等提供的专业招聘服务，寻找合适的应聘者的过程，该招聘方式需要支付一定的中介费用。该招聘方式具有信息资源丰富、主动出击、针对性强、成本节约等优势，尤其是通过猎头公司可以专门寻找到符合职位要求、质量可靠的高层次人才，从而实现招聘的高质量供需匹配。

（五）推荐招聘

推荐招聘是指当组织出现职位空缺时，由组织内相关人员推荐。该方式的优点在于成本低、效率高，推荐人和被推荐人素质较高且安全可靠，缺点在推荐范围较窄，容易出现任人唯亲等现象。

二、人员招聘的工作程序

事业单位工作人员公开招聘工作须严格按照《事业单位公开招聘人员暂行规定》的要求执行，坚持德才兼备的用人标准，坚持公开、平等、竞争、择优的原则，提高公开招聘的科学化、制度化和规范化。事业单位公开招聘包括招聘需求分析、招聘方案制定、招聘公告发布、接收简历及资格审查、考试（笔试、面试等）、考核、体检、确定拟聘人员、公示、聘用等一系列环节，是一个完整的闭环系统。

（一）分析招聘需求

根据组织人力资源规划，人事部门面向单位各部门了解用人需求，各部门通过对内部人力资源配置情况的需求分析，充分考虑内部环境和外部环境要求，对确实需要招聘人员的岗位及空缺人数进行梳理，报送部门招聘需求请示及汇总表，列明招聘岗位、招聘人数、报名资格条件等，经由人事部门初步认定后，报送单位领导审核，确定单位最终招聘需求。事业单位招聘计划须按照管理权限上报人事部门核准备案后方可实施。

（二）制定招聘方案

明确用人需求后，人事部门会同用人部门一起制定具体招聘方案。工作内容主要包括确定公开招聘的目标、岗位需求信息表（岗位名称、招聘人数、报名资格条件等内容）；公开招聘的时间、地点；公开招聘的方式；公开招聘考试及成绩计算方式；公开招聘开考比例调整规则；公开招聘经费预算；公开招聘信息发布渠道等。

（三）发布招聘公告

根据招聘方案中确定的工作内容，在公开渠道发布事业单位公开招聘公告。招聘公告应介绍用人单位情况简介、招聘的岗位及人数、应聘人员条件、招聘办法、考试方式及成绩计算方式、报名注意事项、成绩查询方式等需要说明的事项。

（四）接收简历及资格审查

用人单位严格按照招聘公告中说明的简历接收时间和渠道进行简历接收，并按照应聘人员应具备的基本条件及应聘岗位所需条件对应聘人员进行资格条件审查，具体包括国籍、年龄、学历、专业及岗位胜任条件等。通过资格审查的人员名单可连同考试通知一起通过公开渠道发布，确定可以参加招聘考试的人员。对没有通过资格审查的人员，可做好接受询问及告知原因等工作。

（五）考试

考试重点考察应聘人员的专业知识、业务能力和工作技能。可以采取笔试、面试等多种形式。针对教师、主持人、工勤人员等开展的招聘，可以进行实际操作能力测试。针对高层次人才、紧缺人才等开展的招聘，可以采取直接考核的方式。

（六）考核

对通过考试的应聘人员，用人单位组织开展考核，主要考察应聘人员的思想政治表现、道德品质以及与应聘岗位相关的业务能力、岗位匹配度等。同时，要对应聘人员资格条件进行复审，凡是存在不符合应聘条件、信息不真实、档案不齐全以及其他无法进行有效考核的情况，均不得确定为拟聘人员。

（七）体检

组织考核合格的人员到县级及以上具有相当资质的医疗机构进行体检，体检标准可以参照公务员录用的体检标准执行。不按规定时间、地点参加体检者，或者体检结果不合格者，均不得确定为拟聘人员。

（八）公示

用人单位根据考试、考核及体检结果择优确定拟聘人员，并对拟聘人员在适当范围内进行公示，公示期一般为 7～15 日。公示内容可包括拟聘人员的姓名、性别、学历、专业及拟聘岗位等。

（九）聘用

用人单位与经公示无异议的拟聘用人员，按照规定签订聘用合同，并办理相关聘用手续，确定人事关系。按有关规定执行试用期制度，试用期满合格的予以正式聘用；不合格的取消聘用。

三、人员招聘的测评方法

（一）笔试

事业单位招聘笔试主要针对应聘者的专业知识、职业道德、文字表达能力、综合分析能力等进行测试。笔试类别主要分为综合管理类、社会科学类、自然科学类、中小学教师类和医疗卫生类等，试卷一般由主观题和客观题组成，题型主要包括选择题、判断题、简答题、论述题等，采用闭卷书面作答的形式进行。

笔试的工作流程一般包括成立笔试组织机构、试卷命题、笔试实施、笔试阅卷和公布成绩等。笔试具有以下特点，一是可以同时面向众多应聘者进行考试，成本低、效率高；二是笔试试题涵盖考点较多，可以对应聘者进行多维度、多方面的考核；三是笔试相对客观公平，分数评判较为准确；四是应聘者在笔试中往往可以避免因紧张情绪导致的正常水平不能发挥出来等问题；五是笔试结果具有可以保存、查询的功能。

（二）面试

事业单位招聘面试主要对应聘者的业务素质、道德品质及潜在能力，包括应聘者的言谈举止、综合分析能力、反应自控能力、人际关系、兴趣爱好及自我认知程度等进行考察。

面试类别多样化，从操作标准出发，可以分为结构化面试、非结构化面试和半结构化面试；从面试氛围出发，可以分为压力性面试和非压力性面试；从面试方式出发，可以分为单独面试和小组面试；从面试流程出发，可以分为一次性面试和分阶段面试。

面试的工作流程一般包括成立面试组织机构、面试命题、考官培训、面试实施和公布成绩等。面试具有以下特点：一是可以全面考察应聘者综合能力，因为笔试主要通过文字形式来表达，应聘者的表达言语能力、仪表风度、反应能力等则可以通过面试来发现，可以避免"高分低能"现象的出现；二是有些应聘者因为身体原因或者情绪紧张等在笔试中没有发挥好，面试可以给予第二次展现自己的机会；三是面试是人与人之间的互动交流过程，面试考官掌握主动权，面试测评要深还是要浅、要专还是要广，可以由考官自由掌控，可以更加具体深入地考察应聘者的知识储备、工作经验以及道德品性；四是面试考官可以在面试过程中通过提问、观察等多渠道获得应聘者的多种信息，从而全方位地掌握应聘者的各方面情况。

（三）实际操作能力测试

事业单位招聘实际操作能力测试主要对应聘者的专业技术水平和实际操作能力进行考察。不同单位不同岗位的操作技能要求不同，需要根据岗位所需技能来区分实际操作能力测试的类型，如医师岗位的实操测试主要针对体格检查、心肺复苏、外科换药等项目；主持人岗位的实操测试主要针对主持栏目、配音出图等项目；教师岗位的实操测试主要针对模拟教学与现场问答等项目。

实际操作能力测试的工作流程一般包括成立实操测试组织机构、测试命题、考官培训、测试实施和公布成绩等。实际操作能力测试具有以下特点：一是可以通过应聘者的实际操作能力，更加直观地判断应聘者是否能够胜任应聘岗位的工作；二是可以更加全面地考察应聘者的业务能力，从而发现适合工作岗位的"专才"，如一些工勤人员或者专业技术人员表达能力有限，但在业务方面表现比较出色，通过实际操作能力测试可以展现其可以胜任岗位的能力；三是通过实际操作能力测试，可以全方面地考察应聘者在工作状态下的反应、言谈、举止，从而为考官综合判断提供依据。

（四）无领导小组讨论

事业单位招聘无领导小组讨论采用情景模拟的方式对考生进行分组面试，每组人数5~9人，针对某个与工作相关的命题进行1小时左右的讨论，在讨论过程中不设领导者、不指定座位，考官主要考察应聘者在自由发挥中表现出的综合协调能力、口头表达能力、辩论说服能力、反应灵活性、情绪稳定性等。

无领导小组讨论根据讨论的主题可以分为情境性讨论和无情境性讨论两个类型，情境性讨论一般把应聘者放在某个假设的情境中进行测评，无情境性讨论一般让应聘者针对某一个开放性的问题来进行测评。根据分配的角色可以分为指定角色讨论和不定角色讨论，指定角色讨论是指赋予小组讨论中的每位应聘者一个固定的角色，不定角色讨论是指小组中的应聘者在讨论过程中不扮演任何角色，就讨论的问题自由地发表见解。

无领导小组讨论的工作流程一般包括成立无领导小组讨论组织机构、讨论命题、考官培训、讨论实施和分析总结等。无领导小组讨论具有以下特点：一是在多个应聘者之间的动态交流过程，每个人都是主角，可以使每位应聘者都能充分表现自我，展示最真实的实力，也更加直观地表现出个体之间的差异；二是通过应聘者在无领导小组讨论中表现出来的行为特征，考官可以对其进行更加全面、合理、系统的评价；三是无领导小组讨论比较节省时间，可以在 1 小时左右的时间内对一组应聘者作出评价；四是该测评方式应用范围较广，在管理人员、专业技术人员等招聘中都可以使用。

（五）心理测验

事业单位招聘心理测验通过多种科学测评方法，根据心理学原理，主要测试应聘者的认知能力、兴趣爱好、智力水平和个体差异。心理测验的多样化类型，从测验类别出发，可以分为认知能力测验和兴趣人格测验；从测验功能出发，可以分为成就测验、人格测验和能力测验；从测验对象分类，可以分为个体测验和团体测验。

心理测验的工作流程一般包括成立心理测验组织机构、测试命题及准备、测试实施和成绩计算等。心理测试具有以下特点：一是可以较为迅速地了解到应聘者的心理素质、潜在能力等，从而为测评提供有效根据；二是通过该测评方式较为公平和科学，不会出现不公平竞争；三是测试结果可以进行直观比较，如智力测试，可以通过测评结果对应聘者进行比较；四是心理测试有较为科学的方法，可以减少无关因素对测量的影响，从而为测量结果的准确性和可靠性提供了保障。

第三节　选拔任用

一、任职条件及资格

（一）事业单位领导干部应具备的基本条件

（1）思想政治素质好，理想信念坚定，自觉坚持以马克思列宁主义、毛泽东思想、邓小平理论、"三个代表"重要思想、科学发展观、习近平新时代中国特色社会主义思想为指导，坚决贯彻执行党的理论和路线方针政策，增强"四个意识"、坚定"四个自信"、做到"两个维护"，自觉在思想上、政治上、行动上同党中央保持高度一致。

（2）组织领导能力强，自觉贯彻执行民主集中制，善于科学管理、沟通协调、依法办事、推动落实，工作实绩突出。

（3）专业素养好，熟悉有关政策法规和行业发展情况，具有胜任岗位职责的专业知识和专业能力。

（4）创新意识强，勤于学习、勇于探索、敢于攻坚克难，有开拓进取、追求卓越的韧劲，能够切实推进技术、管理、制度等重要创新。

（5）事业心和责任感强，热爱公益事业；坚持以人民为中心的发展思想，求真务实、勤勉敬业、担当作为，忠实履行公共服务的政治责任和社会责任；有斗争精神和斗争本领；团结协作，群众威信高。

（6）正确行使职权，坚持原则，带头践行社会主义核心价值观，恪守职业道德，严于律己，清正廉洁。

不同行业事业单位领导人员基本条件应当适应本行业特点和要求。其中，宣传思想文化系统事业单位领导人员应当坚持政治家办报办刊办台办新媒体，有强烈的意识形态阵地意识；高等学校和中小学校领导人员应当认真贯彻党的教育方针，坚持社会主义办学方向，自觉落实立德树人根本任务；科研事业单位领导人员应当坚持高水平科技自立自强的方向，坚持面向世界科技前沿、面向经济主战场、面向国家重大需求、面向人民生命健康，尊重科研工作规律，弘扬科学家精神，自觉践行创新科技、服务国家、造福人民的价值理念；公立医院领导人员应当坚持为人民健康服务的方向，有适应医院高质量发展的先进管理理念和实践经验。

党员领导人员应当自觉履行党建工作"一岗双责"，专职从事党务工作的领导人员还应当熟悉党建工作，善于做思想政治工作。

正职领导人员应当带头提高政治判断力、政治领悟力、政治执行力，具有驾驭全局的能力，善于抓班子带队伍，民主作风好。

（二）事业单位领导干部应具备下列基本资格

（1）具有大学本科以上文化程度。

（2）提任六级以上管理岗位领导职务的，应当具有五年以上工作经历。

（3）从管理岗位领导职务副职提任正职的，应当具有副职岗位两年以上任职经历；从下级正职提任上级副职的，应当具有下级正职岗位三年以上任职经历。

（4）主要以专业技术面向社会提供公益服务的事业单位领导班子行政正职、分管业务工作的副职，应当具有从事本行业专业工作的经历。

（5）具有正常履行职责的身体条件。

（6）符合有关党内法规、法律法规和行业主管部门规定的其他任职资格要求。

二、选拔任用的工作程序

（一）分析研判和动议

组织人事部门加强对干部的日常了解，对领导班子和领导干部进行综合分析研判和动议分析，就选拔任用的职位、条件、方式、范围、程序和人选意向等提出初步建议后，向单位党委（党组）主要领导成员汇报，在一定范围内进行沟通酝酿后，形成干部选拔任用工作方案。

（二）民主推荐

选拔任用领导干部均应通过民主推荐。民主推荐包括谈话调研推荐和会议推荐，推荐结果作为选拔任用的重要参考，有效期为一年。

（三）考察

在民主推荐结果的基础上，综合考虑工作需要、干部德才条件以及综合分析研判、岗位匹配度等，确定考察对象。组织人事部门负责对确定的考察对象进行严格考察。全面考察其德、能、勤、绩、廉，严把政治关、品行关、能力关、作风关、廉洁关。

（四）讨论决定

选拔任用党政领导干部，应当按照干部管理权限由党委（党组）集体讨论作出任免决定，或者决定提出推荐、提名的意见。属于上级党委（党组）管理的，本级党委（党组）可以提出选拔任用建议。讨论决定干部任免事项，应当按照规定程序进行。

（五）任职

党政领导职务实行选任制、委任制，部分专业性较强的领导职务可以实行聘任制。实行党政领导干部任职前公示制度、任职试用期制度以及任职谈话制度。

三、选拔任用的主要方式

选拔事业单位领导人员，一般采取单位内部推选、外部选派方式进行。根据行业特点和工作需要，可以采取竞争（聘）上岗、公开选拔（聘）、委托相关机构遴选等方式产生人选。

选拔事业单位领导人员，应当经过民主推荐，确定参加民主推荐人员的合理范围，规范谈话调研推荐和会议推荐方式方法。

第四节　案例分析

一、案例详情

2022 年 7 月 1 日，黄平县人力资源和社会保障局发布了《黄平县事业单位

2022 年公开招聘工作人员实施方案》，本次面向社会公开招聘单位达 50 个，包括黄平县网络安全和信息化服务中心、黄平县法律援助中心、黄平县谷陇镇自然资源所、黄平县水利项目服务中心、黄平县森林资源服务中心、黄平县民族中学等，招聘岗位共计 60 个。

2022 年 8 月 4 日，黄平县人力资源和社会保障局发布了《关于黄平县事业单位 2022 年公开招聘工作人员笔试成绩的公示》，发现很多考生的考试成绩出现 30 多分的断崖式分差，第一名为 90 余分，而第二名仅有 60 余分。该现象引起广大网民的重视，部分考生严重质疑考试的公平性和公正性，因此向当地有关部门报案。

2022 年 8 月 7 日，黄平县事业单位人才引进及公开招聘工作领导小组办公室发布了《关于网民反映黄平县 2022 年事业单位公开招聘工作人员笔试成绩存疑的通报》，通告称黄平县委、县政府高度重视网民在抖音、微博等平台反映黄平县 2022 年事业单位公开招聘工作人员笔试成绩存疑问题，并立即召开专题会议安排部署，成立了联合调查组开展调查工作。调查结果将通过官方媒体及时发布并接受网民监督，呼吁广大网民不造谣、不信谣、不传谣。

2022 年 8 月 26 日，黄平县事业单位人才引进及公开招聘领导小组办公室发布了《关于黄平县事业单位 2022 年公开招聘工作人员笔试成绩排名及现场资格复审的通告》，通告称黄平县事业单位 2022 年公开招聘工作人员笔试成绩查分、笔试成绩存疑调查工作已经结束，经公安机关调查取证，认定 11 名考生存在考试作弊行为。现已对作弊考生成绩作无效处理，并按相关规定程序对违纪违规考生作出处理。同时，在通告中发布黄平县事业单位 2022 年公开招聘工作人员笔试成绩最终排名及入围现场资格复审人员名单。

二、案例解析

根据《事业单位公开招聘人员暂行规定》第六条："政府人事行政部门是政

府所属事业单位进行公开招聘工作的主管机关。政府人事行政部门与事业单位的上级主管部门负责对事业单位公开招聘工作进行指导、监督和管理。"在收到考生举报信息后，黄平县事业单位人才引进及公开招聘工作领导小组办公室对黄平县事业单位公开招聘工作进行指导、监督和管理，及时进行处理并公告结果，有效控制了网络负面舆论的发酵，正面回应了考生质疑，为提升政府形象、挽回群众信任起到了一定作用。

根据《事业单位公开招聘违纪违规行为处理规定》第七条："应聘人员有下列特别严重违纪违规行为之一的，给予其当次全部科目考试成绩无效的处理，并将其违纪违规行为记入事业单位公开招聘应聘人员诚信档案库，记录期限为五年：①抄袭、协助他人抄袭的。②互相传递试卷、答题纸、答题卡、草稿纸等的。③持伪造证件参加考试的。④使用禁止带入考场的通信工具、规定以外的电子用品的。⑤本人离开考场后，在本场考试结束前，传播考试试题及答案的。⑥其他应给予当次全部科目考试成绩无效处理并记入事业单位公开招聘应聘人员诚信档案库的严重违纪违规行为。"黄平县在认定 11 名考生存在考试作弊行为后，对作弊考生的考试成绩作无效处理，并按相关规定程序对违纪违规考生作出处理。

本次黄平县事业单位公开招聘工作人员事件的处理结果引发网友热议，部分网友认为调查不够透明，在公告中既没有公布考生属于什么性质和类型的作弊以及作弊的方式方法，也没有对相关部门、相关工作人员展开调查，只是宣布对没有公布姓名的 11 名考生进行了处理，处理并不妥当。甚至有网友认为当地对此事的处理避重就轻，欲盖弥彰，质疑本次考试作弊到底是考生作弊还是"萝卜招聘"。

三、启示与思考

事业单位公开招聘工作必须全面落实《事业单位人事管理条例》《事业单位

公开招聘违纪违规行为处理规定》等有关规定，遵循民主、公开、竞争、择优的原则，规范事业单位招聘行为，促进事业单位公开招聘工作制度化、规范化，切实做到信息公开、过程公开、结果公开。

事业单位公开招聘工作必须严肃纪律，认真落实《事业单位公开招聘人员暂行规定》《事业单位公开招聘违纪违规行为处理规定》等，严格执行回避、保密等制度。就违反规定的公开招聘行为，对相关人员进行严肃处理、彻查严惩，不能让公考招聘考场舞弊成为某些人攫取利益的灰色地带，破坏考试的公平公正公开原则，影响事业单位公信力。

事业单位公开招聘工作必须强化监管，主动接受纪检监察机关和社会的监督，确保事业单位公开招聘工作的有序进行。同时，应密切关注网络、媒体等舆情动态，做到早发现、早处理。对于有关投诉或者实名举报的调查处理结果，应及时向投诉人或者实名举报人反馈，对新闻媒体、网络舆情等反映问题的调查处理结果应当及时面向社会公布，积极引导，妥善应对。

第七章　事业单位人力资源培训与开发

第一节　含义及作用

一、事业单位人力资源培训与开发的内涵

从亚当·斯密的《国富论》出版至今，关于人类劳动对经济社会发展贡献方面的经济学研究一直没有停歇，人力资本理论更是开辟了关于人类生产能力的崭新思路。英国著名经济学家马歇尔指出，"培养和训练有工作能力的劳动所需要的时间是很长的""不论谁用自己的资本来提高工人的本领，这种本领终归都是工人自己的资产""一切资本中最有价值的莫过于投在人身上的资本"，因为它会使劳动者能力的提升和生产率的提高。与正规学校教育注重基础、通用型知识不同，劳动者在生产过程中的"从干中学"，使人力资本开发更具有专业性、实践性和操作性，从而为劳动者成为更具劳动生产力、更具人力资本价值的人提供了可能。

人力资源的培训与开发作为现代人力资源管理工作重要组成部分，其本质是人力资本投资的过程，通过有效提升劳动者的知识和技能，合理开发利用人力资

源，使劳动者不仅胜任现有的工作，更能适应未来的工作需求。

事业单位人力资源培训与开发的内涵包含两个方面：一是培训，目前多称为"教育培训"，侧重点在于工作人员理想信念构建、作风习惯养成以及通用性基础知识获得和工作所需业务能力提升，目的在于使工作人员能够更好地完成现有工作；二是开发，侧重点在于以战略性眼光充分挖掘工作人员潜能，有目的地培养工作人员，提升能力、激发活力，打造精品团队，优化组织结构，满足事业单位高质量可持续发展的需要。

总的来说，事业单位人力资源培训与开发作为一项人力资本投资行为，通过有计划地进行工作人员教育培训、有目的地实施人才开发培养，提升工作人员胜任素质，激发工作人员潜能和活力，使其具备完成岗位工作目前和将来所必需的态度、知识和技能，实现单位组织发展与工作人员个人发展的有机结合，提升事业单位组织效能，从而实现事业单位发展战略目标。

二、事业单位人力资源培训与开发的类型

（一）教育培训类型

根据对象不同，事业单位人力资源培训可划分为管理人员培训、专业技术人员（含高层次、急需紧缺人才）培训和工勤技能人员培训。管理人员培训，注重提高管理能力、专业水平和职业素养；专业技术人员（含高层次、急需紧缺人才）培训，注重提高专业技术水平和创新创造创业能力；工勤技能人员培训，注重提高职业技能水平和实际操作能力。

根据内容不同，事业单位人力资源培训可划分为岗前培训、在岗培训、转岗培训和专项培训。岗前培训用以提高事业单位新聘用人员适应单位和岗位工作的能力；在岗培训用以增强在岗事业单位工作人员的思想政治素质、职业道德理念，通过更新知识结构来提高专业技术能力；转岗培训用以提高岗位发生变化的事业单位工作人员适应新岗位新业务的能力；专项培训用以提高参加重大项目及

行动的事业单位工作人员完成特定工作任务的能力。

根据方式不同，事业单位人力资源培训可划分为以师带徒、脱产培训、集体学习、网络培训、团队集训等。

（二）人才开发类型

根据对象不同，事业单位人力资源开发可划分为管理人才开发、专业技术人才开发、技能人才开发和高层次人才开发。管理人才开发面向事业单位管理人员及管理后备人才，旨在学习先进管理经验、挖掘管理人才、激发管理潜能、改善事业单位管理效能；专业技术人才开发旨在通过高新技术学习和岗位工作追踪，发掘专技人员的特长及才干，调整专技人员特点与其岗位相适应，提高专业技术人才队伍的创新力和创造力；技能人才开发面向事业单位工勤技能人员，旨在提高技能人员技能水平，培养紧缺型技能人才，弘扬工匠精神，发挥高技能领军人才在技能推广、技术攻关等方面的重要作用；高层次人才开发应着眼于应对信息社会化、经济全球化和高质量发展要求，以战略性眼光从现有人才资源中发现极具能力的人，培养一批能够与国际接轨、掌握高新技术和先进管理经验的高层次人才，带动组织战略目标实现。

根据形式不同，事业单位人力资源开发可划分为个体开发、群体开发和组织开发。个体开发的形式主要有培养进修、交流挂职、职业生涯规划、创新创业等，旨在开发工作人员个体潜能，将工作人员个人目标与组织目标结合起来，实现"双赢"；群体开发的形式主要有团队建设、项目运营、工作专班等，旨在以团队制、项目制、专班制等形式，打造专业化、团队化人才运作机制，激发全员创新创效活力，让经营管理更加灵活高效，为事业发展注入新动能；组织开发的形式主要有组织梯队建设、人才库建设、组织文化建设等，旨在构建组织架构、开发组织潜力、提升组织效能，促进事业单位健康发展，适应不断变化的发展环境。

三、事业单位人力资源培训与开发的意义

（一）有利于提升事业单位人力资源管理效能

工作人员只有掌握了新技术、新知识，才能成为生产力中最活跃、最能动的因素，从而不断提高劳动生产率。人力资源培训与开发是提升事业单位工作人员的工作能力和知识水平的"助推剂"。通过培训与开发和人力资源管理其他职能模块相互协同，不断激发工作人员潜能，提升综合素质，充分发挥人才在生产力系统中的主动性和积极性，提升组织绩效，从而将高水平的人力资源管理效能最大化。

（二）有益于工作人员实现自我价值、增强组织认同

培训与开发作为事业单位工作人员知识更新和技能培养的重要手段，是助推其职业生涯良性发展的前提。良好的教育培训氛围，科学的人才开发机制，可以提升思想认识、统一价值理念，充分调动事业单位工作人员的工作热情和组织认同感，增强个体的责任感和使命感，提高团队的凝聚力和向心力，强化组织的创新力和竞争力，促进事业单位可持续高质量发展。

（三）有助于实现事业单位发展战略目标

现代人力资源管理，已经由事务性管理上升为战略性管理，人力资源管理不仅要参与组织战略目标的确定，更要为组织现在及未来战略目标的实现提供有力的人力资源支撑。事业单位发展的终极目标是为党、国家和人民提供高质量的公益性服务，满足人民群众服务需求是事业单位发展的主题，事业单位的工作人员是服务提供的主体，事业单位开展人力资源培训与开发作为人才队伍建设的先导性、战略性工程，直接决定着事业单位服务质量与效率能否有效提高，关系着事业单位未来的发展，同时影响着社会的和谐稳定发展，具有不可替代的战略意义。

第二节　教育培训

一、教育培训的具体要求

事业单位教育培训工作具体参照《干部教育培训工作条例》《事业单位人事管理条例》《事业单位工作人员培训规定》和有关法律法规执行，严格贯彻落实培训任务及要求，重点提升事业单位工作人员的理想信念、思想觉悟、职业道德和综合素养，培养并造就高素质专业化事业单位工作人员队伍。

根据《事业单位工作人员培训规定》等的要求，事业单位工作人员培训工作坚持以习近平新时代中国特色社会主义思想为指导，以坚定理想信念宗旨为根本，以全面增强公共服务本领为重点，突出政治训练、政治历练，强化专业能力、专业精神，坚持政治统领、服务大局，坚持分类分级、全员覆盖，坚持精准效能、按需施训，坚持依法治教、从严管理，增强培训的系统性、持续性、针对性、有效性。事业单位工作人员有接受培训的权利和义务，一般每年度参加各类培训的时间累计不少于90学时或12天。

事业单位工作人员必须严格遵守学习培训和廉洁自律各项规定，完成规定的培训任务。事业单位工作人员因故未按规定参加培训或者未达到培训要求的，应当及时补训。事业单位工作人员无正当理由不参加培训，视情节轻重，给予批评教育直至组织处理或者处分。参加培训期间违反培训有关规定和纪律的，视情节轻重，给予批评教育直至组织处理或者处分。

二、教育培训的具体程序

教育培训是一项系统工程，其实施程序由五个环节组成：培训需求分析、培训目标确定、培训计划制定、培训活动实施、培训效果评估（见图7-1）。

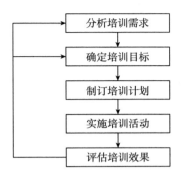

图7-1 教育培训程序图解

（一）分析培训需求

培训需求分析是做好教育培训的基础和先导，对提高教育培训的针对性和效果具有重要意义。具体实施过程是在对事业单位进行组织分析、工作分析和个体分析的基础上，选择运用观察法、访谈法和问卷调查法等合适的调查方法来确认组织在工作人员教育培训方面的具体需求，进而科学有效地明确教育培训内容。

（二）确定培训目标

培训目标是教育培训的方向所在，有助于满足组织、管理者和个人等多层次的需求，为教育培训的实施过程及效果评估提供参考基准。培训目标的确定可以从以下三个方面着手：一是确定内容，即受训者需要完成什么任务；二是确定标准，即受训者要以什么样的标准来完成该任务；三是确定条件，即受训者完成前面两项任务需要什么样的条件。培训目标可以面向整个培训计划设定，也可以针对某一培训阶段设定。培训目标要明确具体，不宜太多。

（三）制订培训计划

制订培训计划是将培训目标具体可操作化的过程。从培训目标出发，对培训时间、培训地点、培训内容、培训对象、培训方式、培训者、培训预算、培训学制、培训课程、培训书目、辅助培训器材与设施等进行具体明确，为培训过程提供实施框架和依据。

（四）实施培训活动

培训需求、目标和计划，无一不需要组织者、培训者和受训者密切配合的培训组织实施过程来实现。该过程主要包含以下三个阶段：一是准备阶段，事先落实培训计划中确定的各项工作内容及负责人，如培训地点及教育用具、培训通知及人员住宿、培训手册及结业证书等；二是过程管控阶段，主要包括培训进程把控、培训质量把关、培训人员激励与约束控制等；三是成果转化阶段，使受训者将培训中所学到的知识和本领运用到实际工作中，将培训成果具体转化为工作效率的提高。

（五）评估培训效果

评估培训效果作为教育培训系统工程的最后一个实施步骤，主要目的是对培训效果进行总结评估，找出存在不足，归纳经验教训，从而发现新的培训需求和改进措施（见图7-2）。常用的培训效果评估方法有目标评价法、绩效评价法、关键人物评价法和收益评价法等。

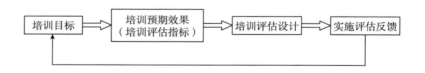

图7-2　评估培训效果的步骤

三、教育培训的具体方法

（一）岗前培训方法

1. 以师带徒

以师带徒也称"导师制""学徒制"，通过"一对一"或者"一对多"的传帮带模式，建立资深员工与新员工之间的师徒关系，从工作到生活给予细致入微的指导，真正做到因材施教，通过人性化管理快速提升新员工适应单位和岗位工作的能力，从而激发员工工作积极性和集体归属感。

2. 岗位实习

岗位实习是指在正式确定新员工具体工作岗位之前，通过了解其工作特长及主观意愿，结合组织工作考虑，安排新员工到某一个或多个实际岗位进行实习，边做边学，根据工作反馈进行调整提高。通过岗位实习，可以考察新员工是否符合组织需要，以及新员工更加适合从事何种工作岗位的工作。

3. 自学

结合事业单位新员工应当普遍掌握的政治理论、法律法规、行为规范、单位发展历史、纪律要求以及岗位所需知识技能等，引导员工通过自学进行学习掌握。该方法较为经济便捷，但存在学习效果难以掌控的弊端。

（二）在岗培训方法

1. 脱产培训

脱产培训是应用范围最广、学习效果较好的培训方法之一，可由单位统一组织或者委托专门培训机构组织在职员工离开工作岗位，在专门的培训现场综合运用课堂讲授、案例分析、情景模拟、分组研讨等方式，学习所在岗位需要更新的政策法规、工作实务等，内容涵盖管理、财务、人事、外事、信息化等多个方面。

2. 网络培训

网络培训是指利用计算机及网络开展员工培训，具体可以包括远程视频会议学习、网络在线学习、计算机辅助培训、光盘培训以及知识共享等方式。网络培训具有极强的便捷性，打破了培训的时间和空间限制，随时随地通过手机、笔记本电脑等移动设备进行学习，可以最大限度地节省培训经费，实现资源和信息的最大化共享。在全媒体时代，网络培训已经得到了广泛应用，在不断地开发和完善中更好地达到培训目的。

3. 集体学习

集体学习可以广泛应用于中心组学习、党支部学习中，也可以丰富形式为党日活动、读书班、案例分析研讨、读书交流分享等，不断提高党员及工作人员的政治理论水平，灵活保持组织活力。

（三）专项培训方法

1. 团队集训

为完成一些重大项目、工程以及行动等特定任务，需要对员工进行团队集训，充分利用体验式教学模式，建立团队成员间的信任基础，鼓励团队成员共同挑战自我、实现创新，组建高效、团结、共赢的工作团队，增强团队凝聚力和战斗力，以期完成特定任务。

2. 素质拓展训练

素质拓展训练注重体验式学习，将课程安排在户外，让学员在新颖刺激的情景中解决问题、参与体验，从而达到思想得到启发、对个体和团队重新认识的目标，使培训效果与众不同。

3. 行动学习

行动学习方法源于欧洲，具体做法是组建由5~25人组成的学习团队，群策群力去解决一个实际难题，产生富有创意的解决方案。在此过程中最大限度地激发成员的潜能，实现成员的个体能力发展与整个组织的进步，加快学习型组织的建立。

第三节　人才开发

一、人才开发的背景

（一）人的能力培养路径

人力资源是社会生产中最活跃、最能动的要素，这是各国经济学家的共识。

人的能力分为先天和后天形成，先天能力是一种原始能力，包括种族、家庭等遗传产生的生理特征和体能条件。后天能力则是指通过教育、实践等，在出生后个人能力的发展和提升。

在一个人的生命周期内，一般首先进行学校正规教育，需要 20 年左右的时间；其次在工作实践中边干边学、成长提高，这样的过程伴随其整个职业生涯。从人的终身人力资本开发而言，学校和单位互为补充，工作中的开发更为重要。由于各种原因没有接受过或没有完全接受过正规学校教育的人，也可以通过岗位实践、开发投入不断提升人力资本含量，弥补教育不足的现实，从而成为具有较高劳动生产力的人。正如二战后的德国和日本等国家之所以能够迅速崛起，很重要的是它们分别得益于本国发达的职业教育体系和企业培训体系，正是这种务实有效的人力资本开发，极大地改善了劳动者的科学文化素质和生产操作技能，极大地提高了劳动生产力，推动了经济的高速增长。

（二）人才开发的必要性

能力培养为人才开发奠定了基础。人才指的是人力资源中能力和素质较高的劳动者，具有一定的专业知识或专门技能，能够进行创造性劳动并对社会作出贡献的人，泛指各行各业中的领军人物。人才问题的实质在于人才的开发和利用，满足人才物质、精神等多方面的需要，通过人才的全面发展实现经济效益和社会效益最大化。

纵观人类社会发展进程，人才是社会文明进步、经济社会发展的第一资源。当今世界正处在大发展大变革大调整时期，加快人才发展是在激烈的国际竞争中赢得主动的重大战略选择。我国要实现全面建成小康社会，实现中华民族伟大复兴，必须加大人才开发力度，实现由人力资源大国向人才强国的转变。

全国专业技术人员主要分布在事业单位，事业单位是做好人才开发的主阵地。党和国家历来高度重视人才工作，相继出台关于干部选拔任用、职称评审、高层次人才培养、创新创业、人员奖励等一系列加强人才工作的政策措施和指导意见，事业单位人才体制机制改革不断创新，科学人才观初步确立，各个领域的人才队伍规模壮大，市场配置人力资源的基础性作用得到发挥，人才开发工作格局取得显著成效。

新的历史时期，对人才开发提出了更高要求。事业单位作为人才密集型组织，迎来了人才事业发展的重要战略机遇期。在已取得成绩的基础上，需要进一步解决高层次专家型人才匮乏、人才创新活力不够、人才结构不合理、人才发展保障不足、人才开发投入不足等现实问题，立足国情和事业单位实际，以公众最关心、最直接、最现实的问题作为突破口，主动适应我国经济社会发展需要，科学规划，整体推进人才开发，不断开创人才辈出、人尽其才的新局面。

二、人才开发的原则

2021 年，习近平总书记在中央人才工作会议上精辟概括出人才工作"八个坚持"，对我国人才事业发展进程具有重大的政治、实践和理论意义。事业单位的人才开发关系到党和国家事业的发展，必须坚持具有中国特色的事业单位人才开发原则。

（一）坚持党管人才原则

"人才是创新之核、发展之要、强国之基。"坚持党对人才工作的全面领导，是事业单位人才队伍建设的政治保证和方向引领。坚持党管人才原则，将人才工作提升到战略地位，充分发挥以事业造就人才、以环境凝聚人才、以机制激励人才、以服务保障人才的组织优势，加强对人才的团结、开发和服务，实行更为积极开放的人才政策，全方位引进、配置、培养、用好人才，推动党对事业单位人才工作的全面领导。

（二）坚持服务大局原则

事业单位人才工作的根本出发点是围绕中心、服务大局，更好地满足人民群众对美好生活的向往。在实现"两个一百年"奋斗目标的历史征途中，必须始终坚持人才开发与经济社会发展的相互协调。立足新发展阶段、贯彻新发展理念、构建新发展格局、推动高质量发展，要发挥人才创新优势，在激烈的国际竞争环境中大力建设战略人才力量，世界科技前沿、经济主战场、国家重大需求、面向人民生命健康，从根本上加大人才对经济社会发展的驱动力。

（三）坚持务实求效原则

做好人才工作要出实招、求实效，最大限度地引才、育才、用才、留才。提高服务意识，切实解决人才后顾之忧、落实人才各项待遇、构建人才发展前景，加强人才工作考核机制，强化以人才工作实效作为检验人才工作是否成功的考核标准，真正将人才工作落到实处，使人才拥有各施所长的平台，增强人才自身价值感。

（四）坚持尊才重才原则

积极营造尊重人才、求贤若渴的社会环境和公平竞争、自由灵活的制度环境，坚持弘扬科学家精神，构建多元化人才评价机制，加快高层次人才队伍建设和技能人才队伍建设，以容错纠错和激励作为机制，落实人才政治待遇和物质待遇，增强对人才的吸引力和凝聚力。

（五）坚持对外开放原则

要坚持"聚天下英才而用之"，实施更加开放有效的人才政策。将目光放到国内和国际，以会聚各方面优秀人才。事业单位的人才开发需要世界人才的参与，同时也为世界人才的发展提供优质平台。要充分利用好国内、国际两种人才资源，突破体制、机制、环境等障碍壁垒，加大海外高端人才和国内优质人才的吸引力度，加强国际人才交流合作，加快建设世界重要人才中心和创新高地。

三、人才开发的主要方法

（一）个体开发

1. 培养进修

以提升人才综合素质和职业技能为核心，根据中心工作需要，将认定的专业人才和专业后备人才作为培养重点，纳入年度培养进修计划，分期分批安排内部培养或外部进修，包括组织调训、外派学习、社会实践等，内容以管理培训、技能培训、单项培训、职业资格培训为主。

2. 交流挂职

在不改变与事业单位人事关系的前提下，有计划地选派在职工作人员到上级机关、下级机关或者其他机关、国有企业、乡村振兴一线等担任一定职务，进行培养锻炼。交流挂职期满后，仍返回原单位工作或留用、提拔。交流挂职期间所取得的业绩成就在原单位的职称评审、岗位竞聘以及考核奖励中可作为重要凭证。

3. 职业生涯规划

人才是重视自身发展的群体，渴望实现自我价值，要做到"以人为本"，破除官本位思想，事业单位有必要建立职业生涯规划机制，对人才进行个性化开发。职业生涯规划是一项综合性的工作，主要包括职业生涯设计、规划、实施、评价和反馈等环节。引入职业生涯规划，不仅有助于协调个人与组织的关系，将个人发展与组织发展结合起来，充分发挥个人的成就和价值观，提高个人的工作积极性和工作满意度，而且有助于充分发挥人才作用，不断提供发展动力，挖掘工作人员潜能，提高单位效率。

4. 创新创业

2017年，人力资源和社会保障部印发的《关于支持和鼓励事业单位专业技术人员创新创业的指导意见》，为事业单位专业技术人员创新创业提供了政策支持和制度环境。按照规定，事业单位可以结合工作实际，选派专业技术人员到企业挂职或参与项目合作，也可以兼职创新或在职创办企业，甚至可以离岗创新创业，这无疑开启了事业单位人才开发的新模式。

（二）群体开发

1. 团队建设

人力资源开发与管理始终与团队密切相关，人才是团队建设的关键。人才的群体开发需要有目标、有计划地制定科学合理的人才分层次、分领域、分团体的管理框架，打造如科研单位学习型团队、高校教师教学创新型团队、医院高层次人才攻坚型团队等，以高起点认定人才、高标准评估人才、高投入激励人才，让人才在团队中找到自身目标和价值，提高团队协作力、执行力和管理力。

2. 项目运营

事业单位的职能和任务很多是通过项目完成的，项目的参与者即为群体开发对象。在项目的运营过程中，充分应用项目管理学知识，提升参与者分析项目环境、管理项目成本和进行项目采购等能力，使项目运营可以取得最大化的社会效益和经济效益。

3. 工作专班

工作专班机制是事业单位一项重要的人才开发手段。在应对某些急难险重的任务或者工作时，跨部门特意组建一个专门班次，通过专班机制进行人才开发，充分发挥专班人员集思广益、联动协调的作用。如项目建设攻坚专班、疫情防控工作专班、党的二十大宣传报道工作专班等。

（三）组织开发

1. 组织梯队建设

人才组织开发的关键是梯队核心骨干建设。可以尝试与人力资源服务第三方开展深入合作，充分发挥人力资源服务机构的专业性，系统开展人才开发各项工作，开发应用干部分类管理系统，通过360度测评、年度考核、业绩评估等考察法，为人才精准定位，建立年轻人才、骨干人才、核心人才等梯度，对人才精准全面追踪把握，对表现优异的人才提拔重用，助力人才成长，形成正向激励。

2. 人才库建设

建立有效的人才库，不仅可以解决事业单位的人才缺口问题，也能为未来的事业发展提前储备人才。首先是获得国务院特殊津贴专家及获得各个级别人才称号的专家，以及博士、博士后、海外人才、高级职称专业技术人员等高层次人才纳入人才库管理；其次是将学术、技术带头人和紧缺人才纳入人才库管理；再次是杰出青年人才和有突出贡献人才；最后是高技能人才。同时，可以考虑设立人才专项基金，为人才库建设提供资金支持。

3. 组织文化建设

组织文化是组织个性化的具体体现，也是组织生存和发展的灵魂。事业单位根本属性在于公益性和服务性，其组织文化建设必须符合该特征，同时兼顾本身人才多样化、高知化、个性化等特点，加强主流价值文化建设，培育优质高效的服务文化，构建组织文化体系，如广播电视、高等学校、文化机构等类型的事业单位，更要创新培育塑造特色文化，充分发挥组织文化的引领作用，以优质"软实力"吸引人才、留住人才，凝聚人才合力，促进事业单位发展。

第四节 案例分析

一、案例详情

鸡西地处祖国东北地区，长期受困于边远边境地区人才开发难"魔咒"，特别是企事业单位和科研单位，具有创新能力的科研人才数量较少，基层人才匮乏。近年来，鸡西市立足本土实际，厚植人才沃土，积极探索解决偏远边境地区引才留才难题，大力吸引各类优秀人才"筑梦鸡西、共创未来"，实现了人才队伍规模和人才队伍素质的跨越式发展。

二、案例解析

（一）分级分类构建人才政策支持体系

鸡西先后出台安家补贴、职称晋升、创新创业、医疗住房和子女入学等十几项人才支持政策，将覆盖面扩大至现有人才和引进人才。针对现有人才，奖励补贴专家、拔尖领军人才等，建设"创新英才"工作站达百余个，签约金额达 1.7 亿元。为全日制硕士、博士等引进人才，提供 5.4 万~36 万元补贴和 5 万~100 万元安家费的定向支持政策。

（二）以加强梯队建设为目标引进人才

针对鸡西当前党政机关、事业单位存在的人才困境和不足，结合党政机关、事业单位人才队伍现实情况，通过公务员和省委选调生招考、事业单位招聘、高层次人才引进、校园招聘等方式，计划指标注重向基层单位和专业性较强岗位倾斜，着力解决基层人员匮乏和实用人才不足等问题。鸡西融媒体中心发布的《2020 年鸡西市人才工作综述》数据显示，在 2020 年引进的人才中，引进岗位专业对口的专业型、创新型人才 1384 人，占引进人才总数的 68.7%。

（三）多渠道多平台多形式招才引才

聚焦高校毕业生、青年人才群体，广泛开展宣传，积极开展对接，不断扩大鸡西市人才工作的影响力。开展宣传招聘进高校活动，依托高校就业信息网站、毕业生群、老乡群等平台渠道，鼓励和动员毕业生报考鸡西。在哈尔滨连续两年举办"鸡西人才周"，市、县（区）委书记等亲自带队走进哈尔滨工程大学、武汉大学等重点高校，现场签约引进 219 人，其中博士、硕士 149 人。开展市校合作，以建设"十大基地"为载体，实施基地建设"1234 发展战略"，分类推进 47 个基地建设工作，重点建设 23 个示范基地，搭建人才培养、人才引进、人才共享平台。2020 年达成市校合作意向 57 项，柔性引进高校科研专家、人才 120 人，集聚实习实训、就业创业大学生 1500 余人，为鸡西经济社会高质量发展提供了有力的人才支撑和智力支持。

（四）"引才""留才""用才"三向发力

鸡西市注重招才引才的同时，进一步优化人才服务工作，提升人才开发和使用效能，使人才引得进、留得住、用得好。领导亲自上阵，带好新引进的人才队伍，由县处级班子成员牵头组成师徒制，覆盖全市 500 余人；为 400 多名硕士以上学历人才建立成长档案、做好跟踪服务。将引进的硕士、博士纳入市级人才储备库，对符合条件、表现优秀的人才优先提拔，加大人才在全市范围内的统筹交流使用。优厚的待遇是留住人才的必要保障，鸡西市各级部门为引进人才在安家费用、住房待遇和子女入学等方面的优惠政策马上落实、逐一兑现，为留住人才保驾护航。

三、经验和启示

（一）坚持系统观念是人才选、留、育、用的前提基础

人才工作是一项系统工程，需要从上至下对人才的引进、培养、使用和服务等各个环节统筹实施，打通各个部门，实行一体推进，制定各项政策，进行总体谋划，确保人才政策兑现到位，构建全市上下人才系统工程，以整体合力营造人才工作良好生态。

（二）坚持科学规划是加强人才队伍梯队建设的根本保障

党政机关、事业单位引进人才需要结合编制使用、人才队伍结构等现状统筹进行，必须制定中长期人才发展规划，通过长期不断地有序引进人才，改善人才的学历结构、年龄结构和专业结构等，走人才引进的可持续发展道路。

（三）坚持主动推介是边远边境地区吸引人才的"法宝"

鸡西作为偏远边境地区，需要借力网络平台，大力推介本地区的发展优势、政策待遇和人才需求，让鸡西走进更多人的视野，才有可能让更多人才选择鸡西。在互联网时代，闭门造车不利于发展，要充分利用互联网和智能化技术等，为地方的人才工作保驾护航。

第八章　事业单位人力资源绩效管理

第一节　含义及意义

一、事业单位人力资源绩效管理的含义

事业单位在整个经济社会发展进程中具有举足轻重的作用，其自身在社会发展变革过程中不断进行改革，其中一项重要的改革就是绩效管理。事业单位的绩效管理主要是指在管理过程中采用一定的措施推动组织内部、组织之间进行高效交流，从而激发工作人员及团队的工作潜力和综合素质，并对个体及团体的态度、表现、业绩等进行全面监测、考核、分析和评价，进而达到绩效管理目标的管理过程。

事业单位的绩效管理主要体现在两个层面：一是微观层面，即工作人员绩效管理，主要考核某一岗位具体工作人员在工作中的具体表现和最终结果；二是宏观层面，主要对事业单位总体的决策运营能力以及在经济社会发展过程中表现出来的工作结果进行考核。整体而言，事业单位绩效管理是微观层面与宏观层面共同作用的结果，通过组织和工作人员之间的充分协调沟通，形成统一的发展目标

和战略，进而共同实现组织发展。

二、事业单位人力资源绩效管理的意义

（一）促进事业单位战略目标实现

实现组织战略目标，是进行事业单位人力资源管理的最终目的。事业单位强化绩效管理，通过前期评估、中期监控以及后期评价，可以极大地提高资金使用效率和工作人员工作效率，从而促进事业单位良性发展，进而实现组织战略目标的实现。

（二）为事业单位人力资源管理提供科学依据

事业单位绩效管理是人力资源管理的重要组成部分。事业单位绩效管理可以掌握工作人员及组织的第一手绩效信息，从而对事业单位人力资源管理的选拔任用、薪酬管理、奖惩机制等环节提供必要的依据，推动人力资源管理科学化决策。

（三）有效提升事业单位工作效率和结果

建立事业单位绩效管理机制，有助于工作人员及工作团队在绩效考核评估反馈过程中及时发现自身的不足，能够更加科学地分析产生差距的原因和问题，及时在工作技能、经验和理念等方面不断纠偏，从而调动工作积极性、发挥更大潜能，实现组织工作效率提升和工作结果优化。

三、如何做好事业单位人力资源绩效管理

（一）强化绩效管理的重要性认识

事业单位管理人员应充分认识绩效管理对事业单位人力资源管理及事业单位高质量发展的重要意义，坚持以人为本、与时俱进，对绩效管理给予重视和扶持，尽快建立科学合理的绩效管理体系。同时，将科学的认识及时传至绩效管理的具体实施者，广泛凝聚共识和力量做好事业单位绩效管理，营造全员参与的良

好氛围，科学普及绩效管理的相关知识和技能，提升组织内部各个环节的绩效管理能力，提高整体工作效率和工作质量。

（二）强化绩效考核管理的科学性

绩效考核管理是一个动态、完善、发展的科学管理手段，不是一成不变的。事业单位的可持续良性发展，要围绕组织战略目标，不断完善绩效考核机制，建立科学合理的绩效考核体系。事业单位内部岗位和人员众多，绩效考核管理既要满足差异化需求，又要保证管理的公平、公正、公开。要在具体管理过程中强化工作人员的参与性和建议权、监督权，充分考虑各个岗位和工种的工作难度和工作内容，做好考核指标的制定，及时听取各方意见，积极处理工作人员的争议和意见，从而不断优化考核指标、细化考核方案、规范考核流程，做到及时反馈考核结果，强化结果运用，促进事业单位不断稳步发展。

（三）强化正向激励机制的有效性

事业单位的良性发展离不开正向激励机制的建立健全，要从精神和物质两方面入手不断完善激励机制，对工作人员的工作强度、业务技能、出勤时间、工作效率、工作质量等进行全面考核，在规范工作人员工作行为的基础上，真正做到多劳多得、奖优罚懒，真正发挥绩效管理的正向激励作用，提高工作人员的工作能力和积极性。

第二节　绩效管理流程

一、制订计划

制订绩效计划是事业单位绩效管理的第一个环节，也是绩效管理的起点，对于绩效管理的成败具有基础性重要作用。事业单位一般制定年度绩效计划，对考核期内应完成的工作目标、工作责任、工作权力和工作义务进行明确，制定完整的书面计划并签订协议。

二、沟通实施

持续有效的沟通是绩效管理实施的基础。绩效沟通主要指管理者与工作人员之间就工作进展情况、工作存在问题、潜在工作障碍等方面进行及时分享，从而保证绩效计划的顺利实施。绩效沟通一般包括正式沟通和非正式沟通，如书面报告、会议、面谈等均属于正式沟通，在走动和交谈等非正式场合进行的比较随意的沟通属于非正式沟通。在计划实施的过程中，计划实施者及监督者均应该及时对绩效管理计划实施情况进行如实记录，便于查找问题、解决问题，确保顺利完成计划。

三、评估考核

绩效评估考核是事业单位绩效管理的关键环节，可以细化为月度考核、季度考核、半年度考核和年度考核等方式。绩效评估考核主要是依据签订的协议内容，运用一定的方法和技术，对工作人员工作绩效以及工作态度等进行测量和评价，从而保证工作任务的完成。

四、反馈提高

绩效反馈是事业单位绩效管理过程中一个非常重要的环节，在此基础上才能提高绩效。绩效评估考核完成后，可以通过绩效反馈面谈等形式，及时将评估考核结果告知被考核者，使之及时了解自己是否完成了考核任务和目标。通过绩效反馈，可以迅速地达成双方对绩效考核结果的共识，为下一个周期的绩效计划的改进和制订打下基础提高事业单位绩效。

第三节 绩效管理方法

一、比较考核法

事业单位工作人员绩效比较考核法是一种以结果为导向的绩效管理方法，是指评价者对某个工作人员的工作绩效与其他工作人员进行比较，从而确定每位工作人员的相对考核名次或等级。比较考核法多分为简单排序法、交错排序法和配对比较法等。

简单排序法是指部门管理者对相同职务的工作人员的工作态度、表现以及业绩成果，按照考核要素，根据自身的观察和判断来进行比较排序，表现好的工作人员排名靠前，表现不好的工作人员排名靠后。

交错排序法的原理与简单排序法基本类似，该方法适用于被考核者较多的绩效考核工作。其操作方式为，首先列出所有要进行考核的工作人员名单，其次在所有被考核者中挑选出工作绩效最好的一名工作人员和工作绩效最差的一名工作人员，将这两名工作人员分别列为绩效考核的第一名和最后一名，最后在剩下的要进行考核的工作人员中，按照上述方式继续进行挑选排序，分别列为绩效考核的第二名和倒数第二名。以此类推，直至把所有要进行考核的工作人员都排列完毕，即为绩效考核结果。

配对比较法又称相对比较法、相互比较法、成对比较法或两两比较法，是指将所有要进行考核的工作人员列出名单，将每一名工作人员与其他工作人员进行两两配对比较，表现较好者可得 1 分，另一人则为 0 分，最后将被考评的工作人员所得分数相加，其中分数最高者即绩效等级最高者，按分数高低顺序将进行排列，即可得到绩效考核最终结果。

二、民意测验法

民意测验法是指由部门人员共同参与进行的一种绩效考核方式。操作步骤主要包括四点，一是确定考核要素，每个要素分为优秀、合格、基本合格和不合格四个级别，并注明每个级别的分数区间，制作绩效考核表。二是召开考核会议，由被考评者针对自己一定时期的工作情况进行总结，面向部门全体工作人员进行汇报并作出自我评价。三是部门所有的工作人员填写考核表，根据被考评人的具体表现及实际情况，按照考核表的要素和分数区间进行逐项打分。四是部门或组织方对所有的绩效打分表进行汇总统计，确定被考评人的考核分数及考核档次。

民意测验法的优点在于考评结果具有一定的广泛性和客观性，便于操作，结果一目了然，在应用时较为方便。

三、360 度绩效考核法

360 度绩效考核法是一种全方位、多角度的绩效评估考核办法，主要指被评价者的上级、平级、下级、客户及本人对其工作绩效进行评定的过程。360 度绩效考核法的一个最大特点就是不仅将上级评价作为工作人员绩效考核的主体，而且把来自平级、下属、客户，及其自身的评价都纳入绩效考核主体，使评价信息更具多样性，保证了绩效考核的客观性、全面性和科学性。

上级评价主要指被评价者的直接上级作出的考核评定，一般情况下，直接上级拥有观察了解工作人员实际绩效的最佳机会，但也有一些工作上级与下级之间的接触相对较少，上级对下级作出绩效评估就比较困难。平级评价主要被评价者的同事作出的考核评定，因为平级工作人员在一起共事时间长、交流机会多，所以评价具有客观性和全面性，更能显示出被评价者团队协作以及人际关系等方面的表现。下级评价主要由被评价者的下属来评价，因为下属长期在被评价者的直接领导下工作，对被评价者的管理理念和行为有直接的认知，这种从下到上的突破性绩效考评办法有利于更好地开发被评价者的工作潜能和管理才能。客户评价，在事业单位绩效考核中主要是指服务对象，及事业单位提供公共服务的广大群众，通过服务评分、问卷调查等形式了解他们心中的被评价者的工作态度、工作效率等情况，从而得出客户的满意度。自我评价主要是指被评价者对自己的工作表现进行评估，有助于更加客观地分析自己的不足，进而更加主动地加强和改进自身的工作水平和效率。

360 度绩效考核法使被评价者可以获得来自多层面、全方位的评估意见，对自身工作绩效以及能力态度有更加清晰的认知和判断，对工作人员工作绩效的持续改善及职业生涯规划都大有裨益。同时，360 度绩效考核法有助于促进组织内部各级成员之间的沟通和了解，提高团队凝聚力和向心力，有益于组织战略目标的实现。该绩效考核办法在实际工作中应用较为广泛。

四、关联矩阵法

关联矩阵法是一种常用的量化考评办法，主要是在要素量化评定的基础上加入权重体系，并通过矩阵形式来表示考核结果。以事业单位绩效考核为例，将德、能、勤、绩、廉五要素确定为评价要素一级指标，可以只设一级指标，也可以细化到二级指标。接下来，确定各个考核要素的权重比例，假设德、能、勤、绩、廉五要素的指标满分为 100 分，各项要素所占的权重可以有所区分，如德 20%、能 30%、勤 10%、绩 30%、廉 10%，并在此基础上对事业单位工作人员进行具体考核评价，得出总评分后对考核结果进行确认。

"德、能、勤、绩、廉"是目前事业单位较多运用的考核要素。"德"主要指工作人员的政治品德、社会公德以及社会公德等，主要体现在具有正确的政治立场和政治方向，能够以正确的职业态度和职业作风忠于职守，严守国家纪律和秘密，遵守社会行为准则，有正确的世界观、人生观和价值观，敢于同不良社会现象作斗争。"能"主要指工作人员的业务能力和工作水平，具体表现在具有一定的政策理论水平、专业职能能力和综合协调素质，善于分析问题、解决问题，具有一定的开拓创新、团结协作、统筹领导等能力。"勤"主要指工作人员的工作态度和工作精神，是否具有勤奋上进的事业心，主要表现在尊重热爱本职工作，在工作中积极认真负责主动，遵守劳动纪律和规章制度，实事求是、创新开拓。"绩"主要指工作人员的工作实效，事业单位绩效考核的重点在于这个部分，主要表现在履行岗位职责和完成任务目标的过程中，通过工作人员的工作理念、工作举措而取得的工作绩效。"廉"主要指工作人员的廉洁自律情况，主要表现在是否廉洁奉公，严格遵守各项规章制度，不能利用职权谋取私利，要勤俭节约，抵制铺张浪费。

五、目标管理法

目标管理的概念源于美国管理学家彼得·德鲁克1954年出版的《管理的实践》一书。目标管理法强调结果导向，重视管理层和具体工作人员的互动性和参与度，通过上级与下级共同确定的具体绩效目标，考评工作人员的工作效果和劳动结果，并由此进行奖励或惩罚。通过目标管理法，可以使工作人员更加直接地加入确定工作目标的过程，从而清晰了解自己的工作目标，及完成工作目标与工作业绩、奖励惩罚之间的关系，增强其责任感和约束力，强化自我管理，从而提高整个组织的绩效水平。

目标管理法的关键在于设定目标，在明确组织总目标的基础上，分解为下属部门目标和工作人员个人目标，二者相互联系成为目标结构体系，以各项目标的完成情况为基准进行绩效考核。目标管理要有周密计划的保障，对目标实施的背景、方针、方法以及程序进行具体说明，使各项工作有章可循、循序渐进。要重点进行实施结果的考核评估以及反馈，有效实行目标管理与考核评估一体化，严格按照既定目标实施考核，并以此结果决定奖惩。

第四节　案例分析

一、案例详情

随着我国社会主义市场经济的不断发展进步，国家和政府对事业单位的绩效管理工作越来越重视。近年来，事业单位也不断尝试创新人力资源管理方式，增强事业单位绩效管理的科学性，促进工作人员和事业单位共同实现发展目标。虽然事业单位的绩效管理改革取得了一定成绩，但是面对复杂多变的国际经济环境带给我国经济建设的挑战，还是有很多问题亟须解决，值得深入研究。

二、案例解析

事业单位作为直接受国家机关管辖的单位，不同于纯粹的公共部门和私营企业，其绩效管理具有一定的特殊性。由于我国事业单位数量庞大、人员众多，涉及科研人员、教师、医生等知识密集型专业人才，绩效管理不仅与事业单位及工作人员的发展息息相关，更关乎国家经济发展大局，事业单位绩效管理改革势在必行。

部分事业单位对绩效管理的科学认识还不够，将绩效管理简单地流于形式，没有将绩效管理与组织战略目标和工作人员岗位职责相联系，缺乏将考核结果应用于人力资源招聘、培训、晋升和奖惩等环节的机制。也有部分事业单位采取"一刀切"，对不同工作岗位之间的绩效管理没有进行深入研究，没有采用相同的考核指标对不同岗位进行绩效考核，降低了绩效管理的效果，在一定程度上影响了工作人员工作的积极性。

事业单位人力资源管理要不断适应新时期的市场经济发展情况，重视绩效管理工作，不断创新完善绩效管理体系，建立科学的绩效管理机制，以"以人为本"的理念将单位的发展与个人的进步结合起来，充分发挥工作人员的价值和能力，提高其归属感和认同感，在保证绩效管理质量的基础上，以创新思维提高绩效管理的效率。

三、启示和思考

绩效管理工作对于任何一个组织而言都具有重要的战略意义和价值，事业单位必须从思想观念上正视绩效管理工作的地位，将绩效管理提高到战略高度进行创新完善，进而将工作人员的工作与事业单位的发展有效衔接，充分发挥绩效管理工作的有效引导和促进发展的作用，提升事业单位整体发展水平。

事业单位绩效管理要遵循公平、公正、公开的原则，尊重每一位工作人员，让绩效管理的对象明确自己的工作职责和要求，提高对工作的认知度和认同感。同时，要增强绩效管理的严肃性和权威性，加强绩效管理工作的宣传，让工作人员对绩效管理有更加深入的了解，并认真对待和维护绩效管理，充分发挥绩效管理的战略指导作用。

事业单位绩效管理的创新，要在加强思想层面建设的基础上，对绩效管理进行全流程系统管控，建立绩效计划、绩效实施、绩效考核和绩效反馈四大环节相辅相成的管理体系，通过广泛征求工作人员的意见和建议，加大对互联网、新技术、大数据的运用，对绩效管理考核指标进行科学化、合理化和规范化完善，建立适合本单位实际的动态化绩效考核指标体系。

第九章 事业单位人力资源薪酬管理

第一节 含义、特点和功能

一、事业单位薪酬管理的含义

事业单位薪酬管理是指单位根据工作人员的岗位职责和工作表现，评估其业绩情况，从而给予工作人员相应的工作报酬以及福利保障的过程，具体表现为基本工资、绩效工资、奖金、津贴补贴、保险、福利等。事业单位薪酬管理在保证工作人员获得一定的经济收入和福利保障的基础上，使工作人员维持或不断提高生活水平，从而达到激发工作热情、提高工作绩效、促进组织发展的最终目标。

事业单位薪酬发放方式包括直接发放和间接发放两种。直接发放的薪酬主要指事业单位每月向工作人员支付的基本工资、绩效工资等，具有一定的稳定性。间接发放的薪酬主要指事业单位给予工作人员的保险、补助、劳保、工作餐、休假、培训、保健等福利，由各个事业单位根据自身实际情况来确定具体发放形式，因此具有一定的灵活性。

二、事业单位薪酬管理的特点

（一）政策性

事业单位的薪酬管理要在遵守国家有关法律法规和规章制度的前提下开展，如最低工资制度、"五险一金"、节假日加班薪酬加倍等均应符合劳动法等相应制度。同时，要综合考虑地区财政收入能力和自身创收经营能力，本着节约、经济的原则，正确处理薪酬管理与组织发展之间的关系，社会效益和经济效益之间的关系，国家、集体和个人之间的利益关系。

（二）稳定性

事业单位的工作相对稳定，再加上薪酬管理采取固定薪酬为主、可变薪酬为辅的模式，事业单位的薪酬管理具有一定的稳定性。这在很大程度上也是一个吸引人才、留住人才的因素。

（三）激励性

事业单位的薪酬管理公平考核工作人员的工作业绩和工作价值，并建立科学合理的薪酬体系予以薪酬分配，在此基础上不断完善考核机制，激励与约束并重，兼顾公平与效率，持续强化事业单位薪酬管理的有益作用。

（四）多样性

事业单位分为公益一类事业单位和公益二类事业单位，二者在薪酬管理方面略有不同。公益一类事业单位由财政全额供给，大部分参照《中华人民共和国公务员管理法》管理，执行职能工资，工作人员薪酬须严格按照国家规定及资金预算进行发放。公益二类事业单位由财政差额供给，全部不参照《中华人民共和国公务员管理法》管理，按照工作人员不同的级别、职称、技能等级分别对照不同的工资标准，在国家规定的薪酬发放范围之外，可根据单位的经济效益，给予工作人员一定的绩效等福利。

（五）差异性

事业单位薪酬管理的差异性主要表现在外部和内部两方面。从外部而言，事业单位的薪酬水平与国有企业、外资企业以及合资企业相比具有一定的差距，难以实现领先型的薪酬待遇水平，在外部竞争力上处于相对劣势，在一定程度上影响了对优秀人才的吸引。在事业单位内部，由于地域带来的经济发展差距等现实原因，各地区事业单位工作人员的收入差距较大，总体而言，西部地区相较东部地区的薪酬水平较低，内陆地区相较沿海地区的薪酬水平较低。在同一地区内，存在公益一类事业单位较公益二类事业单位薪酬水平不同的现象。

三、事业单位薪酬管理的功能

（一）有助于充分调动工作人员积极性

完善的薪酬管理体系对于调动工作人员积极性、增强工作人员归属感具有重要意义。事业单位薪酬管理注重考察工作人员的工作质量和工作效率，在兼顾公平的基础上，以按劳分配为主，坚持能者多劳、多劳多得的原则，使事业单位工作人员在逐步适应薪酬管理制度的基础上，在思想观念和行为准则等方面有了长足进步，从而不断激发其工作主动性和积极性，形成事业单位工作人员相互竞争、共同进步的良好局面。

（二）有益于建立科学合理的人力资源管理体系

薪酬管理是建立科学合理的人力资源管理体系的重要组成部分。随着经济社会的不断发展，薪酬管理的重要性逐渐被事业单位重视。在薪酬管理不断强化的过程中，有利于对单位内部的人事状况及效益情况及时进行了解和掌控，使人力资源管理更加有的放矢，为建立科学合理的人力资源管理体系打下坚实基础，从而对社会经济发展起到积极作用。

（三）有利于事业单位战略目标的实现

薪酬管理应以事业单位战略目标为导向。随着薪酬管理日趋成熟，目前事业单位薪酬体系的构建多从发展战略角度进行分析，与事业单位战略目标相结合，提升人力资源管理质量，使薪酬管理成为实现事业单位战略目标的重要抓手，有利于从根本上驱动组织目标的有效实现。

第二节 工资薪酬

一、事业单位工作人员薪酬结构

继 2006 年事业单位工资制度改革后，我国逐步实行事业单位绩效工资制度改革，逐步形成了科学合理的事业单位薪酬管理制度。目前，事业单位的工资构成主要包括岗位工资、薪级工资、绩效工资和津贴补贴四个组成部分。其中，岗位工资和薪级工资构成了基本工资，全国执行统一标准。

岗位工资主要体现事业单位工作人员所聘职务或岗位的职责和要求，按照管理岗位、专业技术岗位和工勤技能岗位三个类别分别设置岗位等级，其中，管理岗位设置 10 个等级、专业技术岗位设置 13 个等级、工勤技能岗位设置 6 个等级，每个岗位等级对应一个工资标准，实行"一岗一薪、岗变薪变"。

薪级工资主要体现事业单位工作人员的资历和工作表现，专业技术岗位和管理岗位都设置 65 个薪级，工勤技能岗位设置 40 个薪级，每个薪级对应一个工资标准，实行"一级一薪"，如工作人员年度考核合格，原则上均可一年晋一薪级（见表 9-1、表 9-2、表 9-3）。

表 9-1 事业单位专业技术人员基本工资标准　　单位：元/月

岗位工资		职务工资标准									
岗位	工资标准	薪级	工资标准	薪级	工资标准	薪级	工资标准	薪级	工资标准	薪级	工资标准
专技一级	6770	1	335	14	879	27	1860	40	3218	53	5043
专技二级	5370	2	365	15	941	28	1950	41	3337	54	5231

续表

岗位工资		职务工资标准									
岗位	工资标准	薪级	工资标准	薪级	工资标准	薪级	工资标准	薪级	工资标准	薪级	工资标准
专技三级	4660	3	395	16	1003	29	2040	42	3456	55	5419
专技四级	4080	4	425	17	1070	30	2139	43	3575	56	5632
专技五级	3420	5	459	18	1137	31	2238	44	3704	57	5845
专技六级	2950	6	493	19	1209	32	2337	45	3833	58	6058
专技七级	2740	7	530	20	1283	33	2436	46	3962	59	6271
专技八级	2370	8	567	21	1357	34	2545	47	4103	60	6484
专技九级	2130	9	614	22	1434	35	2654	48	4244	61	6750
专技十级	1940	10	661	23	1516	36	2763	49	4385	62	7016
专技十一级	1740	11	713	24	1598	37	2875	50	4526	63	7282
专技十二级	1720	12	765	25	1680	38	2987	51	4667	64	7548
专技十三级	1585	13	822	26	1770	39	3099	52	4855	65	7814

表9-2　事业单位管理人员基本工资标准　　　　　　单位：元/月

岗位工资		职务工资标准									
岗位	工资标准	薪级	工资标准	薪级	工资标准	薪级	工资标准	薪级	工资标准	薪级	工资标准
管理一级	6770	1	335	14	879	27	1860	40	3218	53	5043
管理二级	5540	2	365	15	941	28	1950	41	3337	54	5231
管理三级	4555	3	395	16	1003	29	2040	42	3456	55	5419
管理四级	3840	4	425	17	1070	30	2139	43	3575	56	5632
管理五级	3120	5	459	18	1137	31	2238	44	3704	57	5845
管理六级	2600	6	493	19	1209	32	2337	45	3833	58	6058
管理七级	2240	7	530	20	1283	33	2436	46	3962	59	6271
管理八级	1960	8	567	21	1357	34	2545	47	4103	60	6484
管理九级	1720	9	614	22	1434	35	2654	48	4244	61	6750
管理十级	1585	10	661	23	1516	36	2763	49	4385	62	7016
		11	713	24	1598	37	2875	50	4526	63	7282
		12	765	25	1680	38	2987	51	4667	64	7548
		13	822	26	1770	39	3099	52	4855	65	7814

表9-3　事业单位工勤技能人员基本工资标准　　　　单位：元/月

岗位工资		职务工资标准									
岗位	工资标准	薪级	工资标准	薪级	工资标准	薪级	工资标准	薪级	工资标准	薪级	工资标准
技术工一级	2530	1	225	9	524	17	860	25	1317	33	1878
技术工二级	2040	2	248	10	560	18	908	26	1384	34	1955
技术工三级	1780	3	271	11	599	19	960	27	1451	35	2032
技术工四级	1680	4	297	12	638	20	1012	28	1518	36	2114
技术工五级	1580	5	323	13	680	21	1069	29	1585	37	2196
技术工六级	1480	6	352	14	722	22	1126	30	1657	38	2278
		7	381	15	767	23	1188	31	1729	39	2360
		8	410	16	812	24	1250	32	1801	40	2447

绩效工资主要体现事业单位工作人员的业绩和贡献，由事业单位在国家分配的总量调控和政策导向下，按照规定程序和标准，在人力资源和社会保障部门及财政部门共同核定的总额内对绩效工资进行自主分配。

津贴补贴主要包括地区津贴和特殊岗位津贴补贴等，按照国家规定的项目、标准和实施范围进行发放。

二、事业单位薪酬管理存在的现实问题

（一）缺乏重视薪酬管理的思想认识

部分事业单位领导对薪酬管理的认识存在偏差，认为薪酬管理体系的建立无关紧要，没能意识到提高事业单位薪酬管理水平对于提高工作人员工作积极性、提高事业单位市场竞争力、助推组织战略目标加速实现等方面的重要作用，亟须树立正确的薪酬管理理念，强化主动进行科学薪酬管理的能动性，持续提高事业单位的薪酬管理水平，实现事业单位的可持续发展。

（二）事业单位分类管理制度还不够健全

事业单位的薪酬管理始终处于不断改革的进程中，目前基本上是按照资金来源方式进行分类管理，即按照全额拨款事业单位、差额拨款事业单位和自收自支

事业单位三类管理。其中越是依靠财政供养的事业单位越难充分发挥薪酬管理的科学作用，有经营收入的事业单位又很大程度上受限于总量控制，内部大多实行平均分配原则为主的薪酬分配制度，工作人员之间个体差异化不大，一定程度上影响了工作人员的工作积极性，需要在实际工作中不断健全事业单位薪酬分类管理制度，优化创新传统管理模式，推进薪酬管理在事业单位人力资源管理体系中的有效落实。

（三）工作人员薪酬增长模式较为单一

目前，大部分事业单位工作人员的薪酬增长形式单一，主要通过职务晋升和职称晋升来实现加薪，这两种模式产生的薪酬档次差距很小，无法真正拉开工作人员之间的薪酬差距。但事业单位工作人员特别看重职务和职称的晋升，而事业单位职务晋升通道上升空间十分有限，职称评审随着人数增多难度增大，且越是高级职称设定比例越低。这种情况很难满足工作人员的现实需求，出现人员流失等现实问题。

三、完善事业单位薪酬管理的具体方法

（一）建立与事业单位战略目标一致的薪酬管理制度

随着事业单位人力资源管理体系的不断完善，人力资源作为第一资源的理念逐渐深入人心。薪酬管理作为人力资源管理体系的重要组成部分，可以直接对工作人员产生显著的激励效果，从而最大限度地将个人发展与组织发展有效结合起来，激发工作人员的工作动力和积极性。所以建立与事业单位战略目标相一致的薪酬管理制度，更能使工作人员认同组织目标、追随组织发展，促进组织战略目标的快速达成。

（二）持续完善公平合理的薪酬管理体系

事业单位的薪酬管理体系是否科学合理，直接影响着全体工作人员对组织的认可和信任，决定着组织整体发展是否良性有序。要不断完善事业单位薪酬管理

体系，做到对工作人员的工作内容、业务能力进行合理评价，对薪资额度进行合理划分，使各个薪酬级别的工作人员所承担的工作职责和工作内容与薪酬成正比，形成公平、公正、公开的薪酬管理体系。同时，根据组织战略目标和自身经济效益持续对工作人员的薪酬比例进行优化调整，充分发挥奖优罚懒的作用，实现事业单位社会效益和经济效益双赢。

（三）建立科学合理的考核指标体系

在对事业单位内部各个部门的工作人员的工作内容和工作质量进行摸底排查的基础上，与现行的薪酬管理制度进行有效结合，并在此基础上不断完善考核指标体系，将考核内容与单位的目前实际情况紧密联系起来，根据不同部门、不同岗位工作人员的现实情况建立考核指标，目的在于使薪酬考核更加贴合本单位实际、适应工作人员工作状态，从而为薪酬管理打下坚实基础。

（四）强化事业单位薪酬分类管理

在事业单位分类改革的基础上持续强化薪酬分类管理，对不同类别的事业单位的经费保障、编制管理和薪酬分配进行严格把关和大力支持，增强事业单位的活力。同时，针对事业单位内部管理、专业技术和工勤技能三个类别的工作人员，鉴于其工作内容、业务能力、工作重点等具有一定的差异性，进行分级分类评估，对不同类别、不同级别的工作人员依据相应的评估方式进行薪酬考核，以多样化、差异化的分类管理提高事业单位薪酬管理的科学性。

第三节　福利与保障

一、事业单位福利的类别

根据《事业单位人事管理条例》，事业单位工作人员享受国家规定的福利待遇。

（一）法定福利

国家法定福利具有一定的强制性，事业单位必须严格执行，用以保障工作人员健康安全、维持家庭收入等。

1. 休假

我国事业单位面向所有工作人员严格执行带薪休假和公休假日、法定假日的制度。

（1）带薪休假。根据《中华人民共和国劳动法》（以下简称《劳动法》）《机关事业单位工作人员带薪年休假实施办法》规定，事业单位工作人员连续工作满一年以上的可享受带薪年休假。工作人员工作年限满 1 年、10 年、20 年后，从下月起享受 5 天、10 天、15 天年休假。工作人员在年休假期间享受与正常工作期间相同的工资收入。事业单位根据工作人员应休未休的年休假天数，对其支付年休假工资报酬。年休假工资报酬的支付标准是：每应休未休 1 天，按照本人应休年休假当年日工资收入的 300% 支付，其中包含工作人员正常工作期间的工资收入。

（2）公休假日。目前事业单位实行每周 5 个工作日、2 个公休日制度。

（3）法定假日。我国法定休假日期包括元旦、春节、国际劳动节、国庆节等。

2. 工时

事业单位工作时间参照我国《劳动法》规定，执行工作人员一天工作时间不超过 8 小时，平均每周工作时间不超过 44 小时的工时制度。

3. 退休

事业单位工作人员符合国家规定退休条件的，应当退休。

（二）补充福利

事业单位补充福利是指在法定福利之外向工作人员提供的福利项目，如公积金、死亡抚恤金、交通补贴、物业补贴、午餐补贴、住房补贴、公费教育培训、文体活动、旅游健身等。

二、事业单位社会保险的类别

根据《事业单位人事管理条例》，事业单位及其工作人员依法参加社会保险，工作人员依法享受社会保险待遇。事业单位社会保险制度归属于社会保障制度，作为对工作人员工作生活的保障，具有一定的强制性，且具有解除工作人员后顾之忧、促进经济发展社会稳定的作用。事业单位社会保险主要包括养老保险、医疗保险、失业保险、工伤保险和生育保险等项目。

（一）养老保险

我国事业单位实行退休养老制度，即工作人员在达到国家规定的退休年龄，或因年老丧失劳动能力而推出劳动岗位后，按照工龄长短、依据一定比例、按月领取退休金的社会保障项目。事业单位养老保险制度是中国社会保障制度的重要组成部分，也是事业单位社会保险五大险种中最重要的险种之一。

事业单位实行的是社会统筹与个人账户相结合的基本养老保险制度，由单位和个人共同负担，实现广泛的社会共济。因覆盖人数较多，该制度具有一定的社会影响力，且费用支出庞大。

事业单位养老保险的构成，由事业单位缴纳的基本养老保险费建立基本养老保险统筹基金，工作人员个人缴纳的基本养老保险费全部计入个人账户，保证每个工作人员都有个人账户。事业单位按照本单位工资总额的16%缴纳基本养老保险费，个人按本人缴费工资的8%缴纳基本养老保险费，由单位代扣。个人缴费纳入个人账户后予以计息。工作人员退休时其待遇计发实行待遇与缴费挂钩的方式，体现多缴多得、长缴多得的激励约束机制。

此外，事业单位工作人员在参加基本养老保险的基础上，建立补充养老保险，即职业年金制度。职业年金基金均采用个人账户管理，由事业单位按照本单位工资总额的8%缴纳，个人按本人缴费工资的4%缴纳，职业年金的单位缴费和个人缴费全部计入工作人员本人职业年金个人账户。

（二）医疗保险

医疗保险是指当事业单位工作人员因患病或受伤害导致暂时失去劳动能力和经济来源的情况下，由国家和社会给予一定的医疗服务、经济补偿等，使其尽快恢复劳动能力、投入生产劳动的社会机制。

事业单位工作人员都要参加基本医疗保险，实行属地管理。基本医疗保险实行社会统筹与个人账户相结合的模式，基本医疗保险费用由用人单位和职工双方共同负担。

（三）失业保险

失业保险是指集中建立失业保险基金，为因失业而暂时失去生活来源的劳动者提供物质帮助，保障其失业期间的基本生活，促进其再就业的制度。事业单位按照《失业保险条例》实行失业保险制度，事业单位按照本单位工资总额的2%缴纳失业保险费，事业单位工作人员按照本人工资的1%缴纳失业保险费。

（四）工伤保险

事业单位按照《工伤保险条例》实行工伤保险制度，保障因工作遭受事故伤害或患职业病的工作人员获得医疗救治和经济补偿，促进工伤预防和职业康复，分散用人单位的工伤风险。事业单位应当按时缴纳工伤保险费，工作人员个人不缴纳工伤保险费。用人单位缴纳工伤保险费的数额为本单位职工工资总额乘以单位缴费费率之积。

（五）生育保险

生育保险是指国家通过立法，对因怀孕、分娩等生育行为而暂时失去劳动能力的职业妇女给予生活保障和物质帮助的一项保险制度。生育保险待遇主要包括医疗服务、产假、生育津贴等。

第四节　案例分析

一、案例详情

2020 年，国家人力资源和社会保障部组织实施了人才服务专项行动，围绕人才的培养、使用、激励、评价、流动等重点领域和关键环节，实施技能中国、高端人才引领、人才活力激发、专家人才下基层、人才资源高效配置、人才人事扶贫、人才服务提升和人才表彰宣传八大行动，鼓励高校、科研院所等事业单位推进薪酬制度改革，对高层次人才实行年薪制、项目工资等灵活多样的分配形式，支持科研人员按规定兼职创业，一揽子新政策引发社会关注。

近年来，甘肃、辽宁、山东等省份相继提出《关于做好支持创新相关改革举措推广落实工作的通知》《辽宁省大力推广支持创新相关改革举措实施方案》《关于山东省事业单位高层次人才收入分配激励机制的意见（试行）》等，围绕事业单位薪酬分配和服务人才提出具体指导意见。

如人才大省山东相继出台《关于实施创新人才薪酬激励若干措施》《关于支持和鼓励事业单位专业技术人员创新创业的实施意见》等，加大对创新人才的绩效工资倾斜力度，允许事业单位建立和发放突出贡献奖，鼓励高校、科研院所等事业单位的专业技术人员创新创业，充分发挥薪酬激励作用和人才服务效能，促进事业单位引进、留住、用好人才，形成正向激励氛围，引导事业单位更好服务经济社会发展。

据悉，2021 年山东省充分发挥薪酬政策的激励作用，全省共有近 6000 名事业单位高层次人才享受薪酬激励政策，比 2020 年增加了 77.6%。薪酬激励政策已然成为山东省吸引集聚高层次人才的重要"砝码"。以齐鲁工业大学（山东省科学院）为例，坚持人才分级分类管理，对引进的高层次人才实行年薪制等形式的薪酬管理，其中40余名高层次人才每年可以得到30万~100万元的年薪薪酬，极大地激发了高层次人才干事创业的热情，研究成果取得重要进展。

二、案例解析

积极落实事业单位高层次人才工资分配激励政策，可以采取灵活多样的分配形式。针对事业单位中工作周期性较强、技术含量较高工作的创新人才，可以实行协议工资制。针对事业单位中工作目标适宜以年度作为业绩考核周期、需要特殊激励的创新人才，可以实行年薪制。针对事业单位中承担重大科研项目、工程项目等工作阶段性任务较强的临时聘用或柔性引进的创新人才，可以实行项目工资制。

允许事业单位科研人员兼职创新和在职创业，其前提要取得所在事业单位的同意，在保证履行工作岗位职责、完成本职工作的情况下，可以到与所在事业单位业务领域的企业、高校或者科研机构等兼职从事科研创新工作，并取得合法报酬，由个人支配。

事业单位在薪酬分配方面向关键领域、创新人员或团队、高层次人才、突出贡献人员、优秀青年人才等倾斜，在用人机制方面采取更加开放灵活的政策，支持事业单位通过年薪制等引进急需的高层次人才，支持鼓励事业单位科研人员按规定兼职创新、离岗创办企业，对于发挥事业单位薪酬分配的正向激励作用和提高事业单位服务创新驱动发展具有重要意义。

三、启示和思考

党和国家历来高度重视人才工作，把做好人才工作看作是保证党和人民事业发展的根本之举。事业单位作为我国各类人才的集中地，应当全面贯彻中央人才工作会议精神，坚持党管人才原则，发挥人才引领事业发展的重要战略地位，对人才工作做好谋划，完善人才服务政策，强化薪酬激励，才能保持人才发展环境持续向好，进一步激发各类人才的担当实干、创新创业的活力。

做好事业单位人才薪酬管理服务工作，是一项系统性、综合性的工作。需要各级人力资源社会保障部门、财政部门等协同配合，加强对本地事业单位薪酬激励政策制定及实施工作的指导和督查，并做好所需经费的保障工作。

事业单位要打破"干多干少一个样""干好干坏一个样"的局面，强化制度创新，健全考核办法，在政策允许的范围内给予人才待遇、为人才"松绑"，同时，对于工作业绩不合格、考核不达标的人才不再享受待遇等，从根本上激发事业单位各类人才的活力。

第十章　事业单位人力资源多样化管理

第一节　含义及作用

一、事业单位员工关系管理的内涵

员工关系管理起源于西方人力资源管理体系，作为人力资源六大模块之一，是每个组织日常经营过程中的重要环节。员工关系管理具体是指，组织管理者和人力资源管理人员通过制定人力资源管理政策和实施人力资源管理行为，应用柔性且具有激励性质的沟通管理手段，调节组织与员工之间，以及员工与员工之间相互关系的过程，其目标在于协调各类员工之间的关系，确保员工领会并贯彻组织意图，从而实现组织战略目标。

事业单位是我国各类人才的主要集中地。为实现公益服务战略目标，事业单位可以从劳动关系管理、纪律管理、沟通管理、奖惩管理、绩效管理、健康安全等方面对工作人员进行有效管理，并通过组织文化建设、咨询服务等方式，提高人力资源管理效率，构建平等和谐的员工关系，充分发挥人力资源核心力量，促进组织长远发展。

二、事业单位人力资源多样化管理概述

（一）人力资源多样化及管理

经济全球化背景下，随着人口结构、工作方式和人才来源的变化，人力资源的多样化趋势不可避免。现在和未来的人力资源呈现出个体化差异，主要体现在国籍、种族、民族、性别、年龄、语言、宗教信仰、党派、教育水平、院校专业、性格、智商、身体素质、职业技能、社会阶层背景、性取向、婚姻状态等方面，从而呈现出人力资源文化认同、价值观、需求观和行为标准的多元化。

多样化管理的理论基础主要建立在制度理论和资源基础理论之上。制度理论突出了外部环境对组织的影响，而资源基础理论则强调组织内部资源的重要性。制度理论从社会发展角度来呈现多样化对组织的影响，这是一个被动的状态。资源基础理论以组织战略发展为导向，主动利用多样化资源。这两个理论互为补充、相互支持，对多样化管理的机制进行解释。

人力资源多样化管理可以说是高阶版员工关系管理。面对经济全球化和知识全球化的发展态势，在遵循保持组织管理理念的前提下，通过组织战略调整、管理层支持、平等用工、培训开发、绩效考核、激励惩罚、特殊人群管理、组织文化建设等深层包容性管理手段的开发应用，保持人力资源的差异性和多样性，使员工的特质与职位、工作内容相符，提高员工对组织的认可、支持，提升员工绩效表现。

（二）事业单位人力资源多样化类型

事业单位人力资源多样化体现在诸多方面，其类别主要包括：

1. 表层多样化

（1）性别。性别分类是最为简单直观的分类，人类分为男性和女性，这是生理属性。男性和女性在认知、情感、意志、体能等方面的差异是客观存在的，

也由此给女性的应聘、升职、离职、社会生活、工作岗位、工作经历和经济收入等带来了差别化待遇，个别女性在职场会受到歧视甚至性骚扰。就人力资源主体性而言，女性更期望人力资源管理更加多样化、包容化，提供给女性更多的发展机会，提高女性在工作中的胜任能力。

（2）民族。我国是多民族国家，拥有56个民族。同属一个民族的个体间具有共同的语言、文字、生活区域、生活习惯、信仰图腾等，并在此基础上产生民族归属和民族认同感。当不同民族的个体进入组织工作时，自身是带着民族认同以及民族特征的，而这些烙印也会体现在工作中。工作环境中有时会存在民族歧视和偏见现象，阻碍了不同民族的平等就业，对人力资源多样化管理带来的影响是消极被动的。

（3）年龄。年龄是最为常见的人口学分类变量之一，不同年龄或代际，如我们常说的"60后""70后""80后""90后""00后"等，这些群体之间往往因为经历不同，存在着不同视角带来的冲突。在工作中，年长的工作人员较年轻的工作人员在工作经验、生活阅历和利用式创新方面具有优势，但在体能、记忆力、创造力和探索式创新等方面有差距，从而对工作效率和质量产生影响，进而影响到组织对不同年龄员工的重视程度和绩效奖励的区别对待。

（4）任职时间。任职时间指的是工作人员在一个组织中或者一个岗位上投入时间的长短。工作人员的年龄与任职时间有着密不可分的关系，一般而言，年龄越大，任职时间越长。但部分工作人员会有更换组织、岗位或者职级的现象，也会出现年龄与任职时间不同步现象。通常认为工作人员任职时间越长，工作经验越丰富，对工作绩效越具有积极意义。但相似的个体在同一组织中的任职时间越长就越容易同质化，对组织绩效产生一定的负面影响。

（5）党派。事业单位工作人员在中国共产党和中国八个参政党派（中国国民党革命委员会、中国民主同盟、中国民主建国会、中国民主促进会、中国农工民主党、中国致公党、九三学社、台湾民主自治同盟）中均有分布，还有部分群众和无党派人士。人员主体为中国共产党党员，需在组织发展中充分发挥民主党派的作用，做好统一战线工作。

（6）教育程度。教育程度的多样化首先体现在教育水平的不同，如高中、大专、大学本科、硕士研究生、博士研究生等；其次体现在专业背景的不同，如心理学专业、学前教育专业、汉语言文学专业、计算机科学与技术专业等。对于事业单位这样的知识密集型组织，教育程度多样化有利于组织绩效。

（7）岗位类别。事业单位工作人员可划分为管理人员、专业技术人员和工勤技能人员。管理岗位级别分为 1~10 级；专业技术岗位级别分为高级、中级和初级，具体划分为 13 个等级；工勤岗位级别分为技术工岗和普通工岗两类，其中技术工岗分为 1~5 级，普通工岗不分等级。

（8）专业技术职务。事业单位工作人员的专业技术职务可分为初级职务、中级职务和高级职务，具体可分为高等学校教师、工程技术人员、经济专业人员、统计专业人员、卫生技术人员、新闻专业人员、播音员、艺术人员等几十个系列。

（9）编制身份。事业单位工作人员身份主要分为编制内员工和编制外员工。事业单位实行编制管理，可分为管理人员编制、专业技术人员编制和工勤技能人员编制，编制结构主要根据事业单位职责任务和行业特点确定。随着编制管理不断收紧，事业单位业务不断拓展，导致编制内人员不足以完成事业发展各项工作，出现了编制外用工情况。两类编制身份的员工在事业单位人力资源管理中存在一定的区别，探索多样化管理模式具有一定的现实意义。

2. 深层多样化

（1）价值观。价值观属于社会意识范畴，是关于社会存在的反应，随着社会存在的变化而变化。改革开放以来，随着社会经济、政治变化，人们对于事物的需求和认识产生差异，价值观日益呈现多元化态势。价值观多元化是时代进步和个体发展的必然结果，在人力资源管理中要始终重视人的主体地位，容纳不同的价值标准。

（2）需求层次。根据美国著名学者马斯洛1943年提出的需求层次理论，人类的需求可以分为生理需求、安全需求、社交需求、尊重需求和自我实现需求五个等级，一般而言，这五个等级需求是阶梯递进关系，较低层次的需求得到满足后，会继续追求较高层次的需求。需求的满足是个体成长与发展的动力。事业单位工作人员人数众多，每个个体的终极需求不尽相同，要遵循人本主义和激励理论，以多样化管理助力员工内在价值的实现和内在潜力的发挥。

（3）文化认同。我国领土面积达960万平方公里，省级行政区划达34个。不同地域产生不同的文化，如中原文化、荆楚文化、草原文化、岭南文化、闽台文化、关东文化、青藏文化等。不同地域文化影响下的个体有着不同的生活态度和行为表现。

（4）行为标准。每个个体具有不同的思维方式和人格，从而影响到个体行为标准的多样化。有的个体性格外向、有的性格内向、有的性格乐观、有的性格孤僻、有的责任心强、有的乐于助人、有的想象力丰富；有的个体面对工作墨守成规、有的善于提出工作创意、有的对工作失误的容忍性极低、有的拖延不前。每种行为风格都有利有弊，妥善开发才能转变为实际优势。

（三）事业单位人力资源多样化管理的范畴

随着社会主义市场经济的发展，社会多样化、多元化趋势日益明显，事业单位承担的职责和工作增多，对于复合型、高素质人才的需求加强，通过提高招聘、薪酬、绩效、奖惩、培训等人力资源管理手段的包容性，使组织内所有个体在服从组织理念和发展战略的前提下，保持自身特征的差异性，激发出内在动力，实现能力与岗位匹配、兴趣与工作吻合，使组织成为年龄衔接、性格互补、知识配套、心理相容、目标一致、团结一致的群体，是人力资源多样化管理的具体范畴。本书人力资源的多样化管理研究范畴主要从编制人员入手，旨在通过分析编制内和编制外工作人员在身份、待遇、心理等方面的区别及问题难点，提出多样化、包容性管理的具体举措。

极具中国特色的事业单位，由编制部门负责对工作人员实行编制定额管理，工资来源多为财政拨款，即俗称的"事业编"，指通过正式招聘考试进入事业单位工作，且在组织部、人事局内有注册的工作人员。其管理主要依照《事业单位人事管理条例》《关于加快推进事业单位人事制度改革的意见》等。自 20 世纪 90 年代以来，随着机构压缩、编制收紧，编制内人员已不能完全满足事业单位运行的需求，"编外人员"应运而生。这类人员没有经过正规的招聘考试，仅由事业单位内部聘用，不占用编制数量，遍布媒体、学校等教科文卫领域的事业单位中，在事业单位事业发展中扮演着不可或缺的角色，对于编外人员管理至今没有很明确的管理制度或办法。

随着用人形式不断多样化，事业单位编外人员的占比和地位不断提高，一定程度上填补了人力资源空缺，但同时也增加了事业单位人力资源管理的复杂性。编制内外工作人员之间的区别，首先体现在合同签订上，在编人员与事业单位签订的是《聘用合同》，其法律依据是《关于在事业单位试行人员聘用制度的意见》和《事业单位人事管理条例》；编外人员与事业单位签订的是《劳动合同》，其法律依据是《中华人民共和国劳动法》《劳动合同法》等。其次体现在经济待遇上，在编人员工资由当地财政部门根据事业单位标准进行发放，编外人员工资由事业单位制定标准发放，二者相差较大。再次体现在晋升通道上，在编人员具有选拔任用为领导干部的通道，编外人员则没有。最后是稳定性，在编人员较编外人员更为稳定，心理也更为优越，常被称为"铁饭碗"。

三、事业单位人力资源多样化管理的意义

（一）有助于构建多层次多样化的人力资源管理体系

人力资源多样化管理的可贵之处在于重视从工作人员个体角度出发，通过战略、战术和实操三个层次密切配合，构建多样化人力资源管理体系。从战略上来说，需要管理者充分认可人力资源多样化对于组织发展和成功的重要性，并在组

织愿景、组织使命和发展战略中体现对多样化的承诺，消除多样化共生的障碍。战术也随战略调整，开发一系列人力资源多样化管理手段来践行管理理念，在求同存异的基础上，充分整合和同化多元价值观。实操层面主要依赖人力资源管理人员来实践，从选留育用等实际操作，将人力资源多样化管理落到实处。

（二）有利于提高事业单位工作人员的正向激励作用

人是管理中的首要因素，人力资源管理必须树立以人为本的理念，把对人的关心、关爱、尊重、激励、培育、发展人放在首要地位。事业单位人力资源多样化管理立足工作人员多样化的能力和优势，尊重各类人才，扫除人才发展的障碍，以合理的选拔、任用、培养、考核和激励机制，建立公平、平等、民主的竞争机制，可以充分发挥正向激励作用，提高人才队伍的稳定性和创造力，提高组织整体效率。

（三）有益于促进事业单位组织绩效提升

组织目标的实现，关键在于组织目标与个体目标是否一致，个体之间关系是否融洽。通过行之有效的人力资源多样化管理，可以畅通内部信息交流渠道，消除工作人员之间的隔阂和矛盾，破解个人发展与组织发展难以同步的难题，有助于改善内部人际关系，推动形成共同价值理念的形成，进而影响管理层决策、领导风格和全体工作人员的工作态度和行为方式，增强工作人员的归属感、荣誉感，将个人命运与组织兴衰联系在一起，以强大的凝聚力提高工作效率、推动组织发展。

第二节　在编人员管理

一、在编人员管理的对象

从人力资源多样化管理角度入手，可以将事业单位编制内人力资源划分为单位领导人员、人力资源管理人员和其他在编工作人员三个类别。将在编工作人员纳入管理目标很容易理解，之所以将单位领导人员和人力资源管理者作为管理目标，是因为二者对于事业单位人力资源多样化管理的作用和意义重大。

现代管理学大师彼得·德鲁克在《管理的实践》一书中专门强调管理层的重要性："管理层是专门赋予资源以生命力的社会机构，也是负责有组织地发展经济的结构，体现着现代社会的基本精神，所以它是不可或缺的。"领导人员作为事业单位组织内部的"领头羊"，决定着单位管理变革创新的方向、目标和策略，很有必要将其纳入人力资源多样化管理首要目标。优化事业单位领导人员管理，是适应新时代的发展需要，确保单位建立起严谨高效、风清气正的管理模式，自上而下实现内部良好工作氛围，更好地调动工作人员工作积极性，实现单位健康稳定、可持续发展的需要。

而人力资源管理人员作为人力资源管理的具体实践者和实操者，能否站在组织战略高度，切实承担起服务单位各部门每个个体的服务责任，灵活运用各种人力资源管理技能，协调好与管理层和工作人员之间的关系，平衡好内部与外部、局部与全部、组织与个人、公共与竞争以及社会效益与经济效益之间的关系，助力组织战略实现，是一个重要课题。

二、在编人员管理的难点

（一）领导人员管理制度不够完善

中高层管理人员在事业单位的组织人事架构中处于中上层，直接关系着事业单位的发展方向和组织效率。目前，事业单位中高层人员管理客观存在一些问题，主要表现在以下五个方面：

一是老龄化。高层管理人员年龄普遍偏大且年龄段相对集中，而很多优秀青年后备人才还未登上基层管理岗位和中层管理岗位的舞台，很容易因集中退休造成干部队伍"青黄不接"的现象，导致单位死气沉沉，难以调动年轻人积极性。

二是活力不足。党政机关选人用人机制在事业单位沿用至今，部分中层高管理人员等着"到点提拔"，年龄偏大的领导干部提拔无望，索性抱着"混混拉倒，但求无事"的消极心态，导致单位事业停滞不前、活力降低。

三是守旧不前。首先表现在对新知识、新事物学习不够，出现对政策导向、市场风向和群众需求的把握不准，适应变革的能力差；其次表现在对创新带有抵触心理，认为会影响到既得利益，不愿意去创新，也希望下属墨守成规。

四是理念落后。人力资源理念没有得到普及，较多时候还是停留在人事管理阶段，对"人力资源是第一资源"认识不够，人力资源管理手段老旧，无法有效开发单位人力资源。

五是监督缺位。事业单位的监督管理体系管理的范围是全体工作人员，针对中高层管理人员缺乏明确的监管机制。年度考核、述职评议等大多流于形式，并不能真正对中高层人员起到监督的作用。

（二）人力资源管理人员观念落后、业务不精

人力资源管理人员是开发人力资源的主体，同时也属于人力资源开发的客体。人力资源管理的具体成效如何，与具体实践者的关系密不可分。目前，事业单位人力资源管理人员的管理难点在于以下五个方面：

一是观念落后。受计划经济体制的影响，事业单位人力资源管理人员观念较为传统，沿用传统的人事管理方法，难以适应市场经济发展的要求，导致人力资源的浪费。

二是素质不高。事业单位在人员配备过程中，一般不会将最强干的力量用于从事人力资源工作。部分从业人员专业素质和综合素质不高，人力资源管理知识和技能缺乏，基本上只会按照领导交办的工作任务和指令去完成工作。

三是人才缺失。真正懂得管理的人力资源管理人员不多，对新型事业单位在新的历史时期的工作性质和管理制度研究不足，缺乏现代化人力资源管理的教育培训，工作重心把握不准，导致人力资源工作缺乏生机和活力，工作效率低下。

四是站位不高。表现在对于人力资源管理促进事业单位组织绩效的提升作用认识不足，没有站在一定的战略高度进行人力资源管理，使人力资源管理在事业单位发展中发挥的作用比较有限。

五是创新不足。事业单位人力资源管理方式缺乏创新，人才招聘方式较为单一，人员培训力度有限，竞争激励机制不够完善，人力资源多样化管理措施不足。

（三）缺乏科学有效的竞争激励机制调动在编人员积极性

由于缺乏科学有效的竞争激励机制，工作人员的积极性很容易受到影响。主要表现在以下四个方面：

一是发展意识不够强。受到体制机制的影响，长期以来事业单位的工作人员存在竞争意识下降、危机意识不强、工作不够主动等问题，个别工作人员抱着"铁饭碗"思维，得过且过。

二是岗位管理不科学。事业单位组织机构较为复杂，人员众多，不可避免地存在人岗不匹配、人浮于事等情况，影响整个单位的士气。

三是干多干少一个样。虽然大多数事业单位都建立了二次分配制度等薪酬激励体系，但在实际操作中还是存在很大阻力，工作人员的付出和成绩不能得到认可，影响积极性。

四是职业目标不清晰。事业单位的人员主体构成是专业技术人员，职称评审体系为专业技术人员晋升提供了很好的平台，但在行政机制下，还是会存在"官本位"思想，专家、高层次人才等兼有行政职务，追求"职位"，很大程度上影响了其专业能力的发挥。

三、在编人员管理具体举措

（一）优化事业单位领导人员管理

党的十八大以来，党中央高度重视事业单位领导人员队伍建设，2015 年 5 月

28 日，中共中央办公厅印发了《事业单位领导人员管理暂行规定》，在此基础上，中共中央办公厅于 2022 年 1 月 14 日修订印发了《事业单位领导人员管理规定》。2017 年，中组部分别会同中宣部、教育部、科技部、国家卫生计生委印发了《宣传思想文化系统事业单位领导人员管理暂行办法》《高等学校领导人员管理暂行办法》《中小学校领导人员管理暂行办法》《科研事业单位领导人员管理暂行办法》《公立医院领导人员管理暂行办法》等，分行业对事业单位领导人员选育管用等各个环节作出了具体规定，为建设符合好干部标准的高素质事业单位领导人员队伍提供了制度支撑。

事业单位领导人员的管理，应当结合事业单位公益性、法律性、专业性、公立性等特点，坚持党管干部、党管人才；德才兼备、以德为先，五湖四海、任人唯贤；事业为上、人岗相适、人事相宜；注重实干担当和工作实绩、群众公认；分级分类管理；民主集中制和依规依法办事等原则，遵循领导干部成长规律，激发事业单位人力资源活力，推动事业高质量发展。

1. 健全选拔任用机制

从源头抓好领导人员的管理，做好干部选拔任用工作。一是立足事业发展需要，明确选人用人标准。参照《党政领导干部选拔任用工作条例》及有关规定，选拔任用思想政治素质好，理想信念坚定，组织领导能力强，专业素养好，创新意识强，事业心和责任感强，求真务实、勤勉敬业、担当作为，有斗争精神和斗争本领，群众威信高，严于律己，清正廉洁的领导干部，优选配强领导干部队伍。二是规范选拔程序，坚持依法依规办事。严格按照核定或者批准的领导职数和岗位设置方案，采取内部推选、外部选派、竞争（聘）上岗、公开选拔（聘）、委托遴选等方式进行选人、用人。合理运用谈话推荐和会议推荐结果，结合行业特点和岗位需求，严把选人用人关，全方面考察干部。三是强化任期考核，明确目标责任。依规依法对领导人员进行任免（聘任、解聘），任期一般 3~5 年，实行任期目标责任制，立足新发展阶段、贯彻新发展理念、构建新发展格局、推动高质量发展，实现不同行业、不同类型事业单位长远发展。

2. 健全考核评价机制

在事业单位领导班子和领导人员年度考核和任期考核的基础上，创新开展平时考核、专项考核以及绩效考核。针对不同领域、不同部门的领导人员，建立不同的考核指标，注重社会效益，同时考量经济效益，综合运用工作人员意见建议等，对事业单位管理人员进行360度的考核评价，对业绩能力突出的人员予以奖励，对业绩不合格的人员予以惩罚，通过良性的反馈机制提高领导人员工作的质量和效率，并作为选拔任用、激励约束、管理监督等的重要依据。

3. 健全交流回避机制

加大事业单位领导人员交流力度，交流范围不局限于同行业或相近行业的事业单位之间领导人员交流，拓展事业单位与党政机关、国有企业等之间的领导人员交流。在交流过程中注意充分发挥事业单位专业技术较强的领导人员特长。

严格实行事业单位领导人员回避制度。首先是任职回避制度。与领导人员有夫妻关系、直系血亲关系、三代以内旁系血亲关系以及近姻亲关系的，不得与其在同一事业单位领导班子任职，不得在同一单位担任双方直接隶属于同一领导人员的职务或者有直接上下级领导关系的职务，也不得在领导人员所在事业单位内部或下属单位从事组织人事、纪检监察、审计、财务部门负责工作。其次是履职回避制度。事业单位领导人员在履职过程中，如有涉及本人及其近亲属利害关系，或者其他可能影响公正履行职责情况的，领导人员应当回避。

4. 健全职业发展机制

加强事业单位领导人员培训机制和体系建设，首先要加强思想政治教育，引导广大领导干部自觉坚持以马克思列宁主义、毛泽东思想、邓小平理论、"三个代表"重要思想、科学发展观、习近平新时代中国特色社会主义思想为指导，坚决贯彻执行党的理论和路线方针政策，深刻领悟"两个确立"的决定性意义，坚决做到"两个维护"，自觉在思想上政治上行动上同党中央保持高度一致。其次要加强管理能力教育，学习内容主要针对提高领导力、领导艺术、沟通技巧、管理办法、绩效改进等方面，提高领导人员的角色定位和领导能力。再次要加强专业能力培养，立足事业单位专业性、知识性较强等特性，分领域分专业强化业务培训，注重在重大事件、重要岗位的实践锻炼中培养成就人才。最后要加强后备人才队伍培训，结合后备人才队伍现有的优势以及未来需要具备的能力，加强后备人才队伍培养，为领导人员的职业发展机制提供源源不断的人力资源支持。

5. 健全激励保障机制

增加事业单位管理人员物质激励和精神激励力度。物质激励方面，落实工资正常增长机制，合理确定公益二类等事业单位领导人员的绩效工资水平。精神激励方面，对在工作中表现突出、有显著成绩的领导人员，或者是在处理突发事件和承担专项重要工作中作出突出贡献的领导人员等，按照规定给予表彰奖励，加大典型宣传和事迹报道力度，为其提供更为通畅的晋升通道。同时，加强对领导人员的人文关怀和心理疏导，排解巨大工作压力带来的焦虑情绪，帮助解决其实际困难。强化容错纠错机制，以更加宽容、开放的环境支持领导人员在探索、改革、创新中的失误，营造激励领导人员干事创业的良好环境。

6. 健全监督约束机制

事业单位领导人员监督约束的重点内容包括践行"两个维护"，对党忠诚，贯彻落实党的理论和路线方针政策、党中央决策部署以及上级党组织决定情况；依法办事，执行民主集中制，履行职责，担当作为，行风建设，选人用人，国有资产管理，收入分配情况；落实全面从严治党主体责任和监督责任，职业操守，以身作则，遵守纪律，廉洁自律等。综合运用考察考核、述职述廉、民主生活会、谈心谈话、巡视巡察、提醒、函询、诫勉等措施，加强对事业单位领导人员的监督机制。严格落实干部选拔任用工作"一报告两评议"、领导干部报告个人有关事项、规范干部兼职、因私出国（境）、子女及其配偶经商办企业，以及经济责任审计、问责等管理监督有关制度。事业单位领导人员有违规违纪违法行为的，依规、依纪、依法给予处理或处分；构成犯罪的，依法追究刑事责任。

7. 健全人员退出机制

完善事业单位领导人员能上能下、能进能出的管理机制。事业单位领导人员有下列情形之一，应当免去现职：一是达到任职年龄界限或者退休年龄界限的；二是年度考核、任期考核被确定为不合格的，或者连续两年考核被确定为基本合格的；三是解除聘任关系（聘任合同）或者聘任期满不再续聘的；四是受到责任追究应当免职的；五是不适宜担任现职应当免职的；六是因违规违纪违法应当免职的；七是因健康原因，无法正常履行工作职责一年以上的；八是因工作需要或者其他原因应当免去现职的。允许事业单位领导人员辞职。领导人员退出领导岗位后，实行脱密期管理，继续履行保密责任，严格执行保密规定。

（二）提升人力资源管理人员业务素质和管理效能

1. 构建行之有效的人力资源战略规划

人才问题是关系党和国家事业发展的关键问题，党和国家历来十分重视人才工作。事业单位作为我国各类人才的聚集地，必须从战略高度重视人力资源工作，注重提升人力资源管理人员的业务能力和水平。结合《中华人民共和国国民经济和社会发展第十四个五年规划和 2035 年远景目标纲要》（以下简称"十四五"规划）以及中央人才工作会议精神等，构建符合本单位特点的人力资源战略规划，全面掌控单位人力资源情况，明确人才需求和培养方向，便于人力资源管理人员掌握战略方向，有的放矢地开展工作。

2. 完善人力资源管理人员招聘准入制度

事业单位要清楚地认识到人力资源管理人员对于单位人力资源战略规划的实施以及单位整体战略目标的实现所具有的重要作用，明确自身需要什么样的人力资源管理人员。提高人力资源管理人员的招聘标准和入职条件，强调思想政治素质，重视专业水平、业务能力、专业对口，全面考量应聘人员的学历、资历、态度和能力，招聘年轻优秀的专业人才进入人力资源管理人员队伍，夯实人力资源管理专业人才队伍。

3. 注重人力资源管理人员选拔和培养

注重专业能力的不断提升，跟进人力资源管理人员取得人力资源管理师职称和人力资源相关管理证书的情况，注重考察人力资源管理人员在重大人力资源项目中的业绩表现和奉献精神，并将这些作为选拔任用的依据。明确人力资源管理部门在单位所占据的重要地位，建立公平竞争的职业发展平台，让更多有管理经验的优秀工作人员和有管理潜力的年轻工作人员进入人力资源管理人员队伍，并在重要岗位上发挥作用，使每一位人力资源管理人员都能找到职业成就感和心灵归属感，实现个人发展目标与组织战略目标的统一。

4. 建立动态考核监督和优胜劣汰机制

事业单位的人力资源管理人员必须坚持政策的导向性和原则性，在工作实施过程中，必须坚持党管人才原则，廉洁自律，不接受贿赂、不徇私舞弊等。强化监督考核，将德行纳入评价体系，实行"一票否决制"，对违反政策法规的事情按照《事业单位人事管理条例》规定："事业单位人事综合管理部门和主管部门的工作人员在事业单位人事管理工作中滥用职权、玩忽职守、徇私舞弊的，依法给予处分；构成犯罪的，依法追究刑事责任。"完善优胜劣汰机制，对表现突出的人力资源管理人员予以奖励，对出现失职行为的人力资源管理人员予以惩戒，注重增强人力资源管理人员的工作活力和竞争意识，形成良性发展机制。

5. 加强人力资源管理人员教育培训

全面提高人力资源管理人员综合素质和专业素养，强调人力资源管理人员终身学习理念，支持人力资源管理人员利用新媒体或外出学习等多种形式进行人力资源管理者培训教育，并为其创造条件。在内部整合人力资源管理专业力量，加强新老工作人员搭配共事，实现相互促进、共同提升的目的。通过打造一支政治过硬、业务精湛、团结协作的人力资源管理人员队伍来实现多样化人力资源管理体系的构建，从而为事业单位良性发展提供支持保障。

（三）以多样化人力资源管理提高组织效率

1. 树立多样化管理理念，建立健全人力资源管理制度

《事业单位人事管理条例》规定："事业单位应当建立健全人事管理制度。"首先要树立多样化管理理念。将人作为人力资源的管理对象，同时也作为服务对象。树立以人为本的理念，尊重劳动者的主体地位，让工作人员在工作中感受到公平公正、关心关爱。其次要建立健全人力资源管理制度。持续完善优化人力资源开发及管理的规范性和科学性，从选拔任用、岗位评价、激励考核、培训提升等多层次、全方位提高人力资源多样化管理效率和质量，有效提升事业单位工作人员多样化能力和价值的挖掘和利用。

2. 坚持组织文化多样化，实现集体个人同步发展

组织文化是事业单位生存和发展的灵魂，一方面可以引导工作人员的价值和行为与单位发展目标保持一致，提高单位凝聚力和向心力；另一方面可以将组织文化无形渗透到社会与服务对象，树立单位良好形象，对经济社会发展产生积极影响。要立足事业单位的人力资源多样化特性，打造具有自身特色的多元组织文化体系，并以此为依托，为工作人员的个人成长与单位事业发展相统一创造条件。事业单位工作人员多为知识分子，要注重精神文化的培养，将个人愿景与单位愿景紧密联系，引导工作人员心往一处想、劲往一处使，通过表彰大会、橱窗宣传、网络宣推等方式营造积极向上的组织文化建设氛围。结合事业单位自身特色，打造标新立异的组织文化结构，注重对工作人员多样化的深度开发，以工作人员为主体进行特色组织文化挖掘，借助微博、微信、抖音等平台，创新文化载体形式，增强组织活力。

3. 探索多样化招聘模式，公平科学选才进人

优化事业单位面向社会公开招聘机制，立足不同类型和不同级别事业单位用人差异，努力做活人才招聘工作，选拔引进多样化人才。针对高层次、高技能和紧缺人才，尝试以"直通车"模式先行面试考核、签订合同，开设绿色通道，

到岗后补办其他招聘手续，减少不必要的周折和等待。针对普通公开招聘，积极参加校园推介会、招聘会等，充分利用新媒体加大招聘工作宣传力度，通过"走出去"让更多应聘者了解并选择事业单位。针对基层教师、乡镇街道工作人员等专项岗位，可以拿出一定比例用于招聘具有基层事业单位工作经历的人员。针对艺术、体育等特殊专业人才，可以根据实际需求灵活确定考试方式，重点测试专业能力。

4. 注重学习培训多样化，精准补齐知识短板

职业化、专业化、多样化的人力资源是事业单位稳健发展的重要因素，培养高素质专业化的人才队伍必须建立多层次、分类别的系统化培训体系，针对不同岗位、不同年龄、不同背景的工作人员，提供分层分级的能力、技术和知识培训。在培训内容方面，注重开展政治理论、政策法规、管理技巧、专业知识、技术技能等方面的培训，同时将团队精神、人际交往、情绪管理、职场礼仪等课程纳入培训内容。在培训形式方面，注重利用网络开展在线学习，多样化采取课堂讲授、岗位实践、师徒制、读书沙龙、交流课堂等，充分满足工作人员接受培训的权利。

5. 推行晋升通道多样化，满足工作人员高层次需求

职位晋升是工作人员的职业发展过程，也包含着工作人员对个人职业发展和职业预期的见解。每个人的职位晋升生涯都是一个漫长的过程，可以说，人的生命价值一定程度上体现在职位晋升过程中。从需求层次理论来看，大多数人都有着职位晋升的高层次需求。事业单位的晋升通道可以实现多样化。最基本的是岗位管理，可以根据职称或职位设置到对应的岗位登记，并领取相应薪酬。在此基础上，可以通过工作内容丰富化、工作岗位轮换等方式。在横向上，为工作人员创造工作自主权和自由度，提升工作人员的工作满意度。在纵向上，尝试建立职业发展"双通道"管理模式，避免单纯追求行政职务的单一通道弊端，为高层次人才、专业技术人才职业生涯另辟蹊径。

6. 维护合法权益，保证工作人员福利多样化

维护工作人员合法权益，是法律赋予人力资源管理工作的神圣责任，也是构建稳定和谐劳动关系的基础。重视人文关怀，维护好工作人员的参与权、知情权、监督权、身心健康权等，通过征求意见、监督评议、解决难题、文体活动、慰问探望等多种方式，形成温暖、尊重、和谐的工作氛围，拉近单位和工作人员之间的距离，提高工作人员做好工作的动力和热情。关注妇女、少数民族、民主党派、退役军人及军属、离退休工作人员、身体残疾、体弱多病、家庭困难等个性群体，有针对性地维护其合法权益，如设立单位哺乳室满足女性工作人员哺乳婴儿需求，"八一"建军节为单位退役军人及军属发送祝福短信，为家在外地不能回家过年的单身工作人员送上新春温暖，为身患疾病的工作人员送去慰问金等，满足工作人员多样化权益。

7. 实现激励方式多样化，有效调动工作人员积极性

依据《事业单位人事管理条例》，事业单位奖励坚持精神奖励与物质奖励相结合，以精神奖励为主的原则。奖励分为嘉奖、记功、记大功、授予荣誉称号。处分分为警告、记过、降低岗位等级或者撤职、开除。在此基础上，针对工作人员的多样化需求，可以制定不同的激励方式来满足工作人员的不同需求。充分发挥绩效考核和二次分配的作用，严格遵循多劳多得、优绩多得、少劳少得、劣绩少得的原则，根据工作数量和质量综合评定工作人员工作成果，并以此作为奖励性绩效的发放依据。通过动态化、差异性奖励打破平均主义"大锅饭"，奖励先进、引导后进。重视工作人员职业生涯规划辅导，充分了解工作人员个人发展诉求和偏好，帮助设立个人发展目标和组织预期目标的职业发展方向，加强工作人员对未来前途的希望和对组织关心的认可，满足工作人员的尊重需求。

第三节　编外人员管理

一、编外人员管理的目标

新的时代背景下，随着事业单位的职能拓宽、改革深化，人力资源缺口不断增加，但核定编制一定程度上限制了工作人员招录，所以编外人员的比重和地位不断提高。编外人员从改革开放初期多从事后勤、辅助岗位，到如今进入事业单位核心岗位，为事业单位发展做出了一定贡献，已经成为我国事业单位工作人员队伍中的重要组成部分，未来也会与在编人员长期共存。所以说进行编外人员管理具有重要的现实意义。

通过编外人员管理，正视该群体存在的客观必然性及重要意义，解决一些长期影响他们工作积极性和心理归属感的问题，从宏观的政策法规、体制机制到具体的招聘培训、薪酬待遇等，理顺管理中存在的卡点及瓶颈，达到事业单位编制内外人员协同配合、管理有序的效果，提高事业单位人力资源管理效能，为事业单位人才队伍建设和事业高速运转打下坚实基础。

二、编外人员管理的难点

（一）重视程度不够

编外人员的管理，从顶层设计层面而言是缺失的。从国家到地方尚未出台具体的编外人员管理政策法规，具体到每一个事业单位，编外人员管理办法也鲜少制定。对于编外人员要用多少、怎样使用等问题上，事业单位缺少全盘考虑和长远规划，没有制度依据，都是自主决定，主观随意性很大，编外人员劳务纠纷频发，不利于事业单位人力资源管理。

（二）管理不够规范

一是招聘程序不够严谨。事业单位招聘编外人员不同于招聘编内人员，有严格的招聘管理办法和程序要求，编外人员招聘不用"逢进必考"，招聘程序由单位自主决定，导致编外招录不够公开透明，录用的人员比较随意，且容易滋生权力寻租空间，"关系户"太多，不利于管理。二是能力培养办法不够。编外人员的岗前培训、业务培训和能力提升学习等都不够系统，首先在于单位重视程度较低，不愿意花时间和经费在编外人员身上提升其能力；其次是编外人员自身，对能力提升和教育培训的渴望不强，甚至不愿意去学习提高，导致编外人员适应新工作新要求的能力不足。

（三）福利待遇有别

公平理论认为，公平是激励的动力。单位内部的编外人员之间、各个事业单位的编外人员之间，以及编外人员与编内人员之间在薪酬福利方面的待遇参差不齐，不能保证公平性继而会引发心理偏差。编外人员的薪酬待遇由事业单位自行制定标准，部分单位实现了同工同酬，但大多数单位的编外人员薪酬待遇是低于在编人员的，不仅在基本工资、绩效奖励和奖金等方面有差别，在"五险一金"的缴纳基数等都处于劣势，"同工不同酬"严重影响了编外人员工作积极性和心理归属感。

（四）缺乏上升空间

编外人员不能像编内人员一样拥有正常的职业晋升通道，很多编外人员工作了一辈子，依旧是普通工作人员，不能选拔任用为领导干部，存在"低人一等"的观念。部门事业单位在编内人员招聘过程中，对编外人员没有相关优惠政策的设定，编外人员的经历对其转变身份没有实际意义，这些在很大程度上挫伤了编外人员的工作积极性，对单位的归属感和认同感降低。

（五）工作状态不佳

编外人员与编内人员之间的种种区别对待，导致其从心理上难以将自己归属为单位真正职工，总感觉自己是个"局外人"，但日常工作中却承担着不比编内人员少的工作任务，感到自己在物质和心理上都受到了不公平待遇，从而对单位不满，认同感缺失，在工作行为中，就出现了工作状态差的现象，不愿意发挥主观能动性去积极工作，如果有好的工作机会就会辞职。

三、编外人员管理具体举措

（一）加强顶层设计，加强编外人员管理

编外人员作为事业单位人力资源不可或缺的重要组成部分，理应纳入事业单位人力资源管理范畴之内。坚持系统观念，应由上至下重视事业单位编外人员管理，可以将党政机关事业单位编外人员纳为统一管理对象，出台明确具体的聘用人员管理办法，设计专门的管理机构，将编外人员这一庞大队伍真正管好用好。各事业单位本着"谁用人谁管理"的原则，转变用工管理理念，将编外人员开发管理纳入整体人力资源多样化管理范畴，严格按照国家相关法律法规，尊重编外人员劳动者主体地位，实行包容、关爱的人力资源管理手段，将编制内外人员的考勤、培训、职称等纳入统一管理，充分发挥出编外人员在事业单位事业发展进程中的作用。

（二）理顺录用机制，严格规范招考流程

按照编内人员招录要求和程序，严格按照公开、平等、竞争、择优的招聘原则，建立并完善编外人员规范化招聘机制。整个招聘过程严格履行公开招聘的发布公告、报名、资格审查、考试、考察、体检、公示、录用等程序，严格对需求岗位、应聘人员条件、简历筛选、笔试出题、面试考官等容易产生违规违纪情况的环节严格审核把关，杜绝出现任人唯亲等现象。同时，加强对编外人员的考核，结合德行、业绩、能力和出勤、廉政等方面的表现，对政治站位高、业务能力强的编外人员予以物质奖励和精神奖励，对于政治素质不高、工作态度消极的编外人员予以清退，从根本上优化事业单位人才队伍。

（三）加强教育培训，强化考核评估效果

编外人员的综合素质和业务能力代表着所在的事业单位的形象，甚至代表着我国党政机关事业单位的整体形象，加强对编外人员的教育培训对于我国事业单位的长远发展具有重要意义，直接影响着能够为人民群众提供什么质量的服务。重视编外人员的教育培训，首先是要制定具体的培训计划，针对工作岗位特点等实际情况，坚持按需培训，不断提升编外人员的综合素质和业务技能。其次是加强思想政治培训，政治性是事业单位一切工作的生命线，编外人员作为事业单位的工作人员，要加强党章党规、政治理论等学习，以此提高政治站位，增强社会责任感和职业使命感，保持事业单位工作人员的良好作风。再次是重点培训优秀年轻编外人员，在年轻的编外人员中存在高学历、高素质、高层次人才，要将其优先纳入重点培训对象，提供舞台来发挥其潜能，发挥更大价值做出更大贡献。最后是加强培训效果评估，不能将教育培训作为走过场，要以实际效果作为检验标准，通过谈话、考试、问卷等方式找出培训中存在的问题，不断提升培训实效。将培训结果与编外人员奖惩挂钩，激发其学习动力，将学习教育贯穿于人才队伍建设始终。

（四）完善薪酬制度，保证正常福利待遇

薪酬和福利待遇是对劳动者最直接的肯定表现。建立编外人员薪酬绩效制度，参照编内人员的薪酬管理办法，每年正常增加等级工资，及时调整岗位工资，并综合考虑单位盈余、物价水平等各方面因素，适时调整编外人员的工资标准。如有可能，尽可能实现同工同酬，从根本上解决编制内外人员的经济待遇差别。同时，按照国家规定按时缴纳"五险一金"，科学设定缴费基数，尽可能地为编外人员争取福利待遇。

（五）设置晋升制度，激发编外人员活力

关注编外人员作为劳动主体的自我实现和价值认可需求，探索建立编外人员岗位晋升架构，设置编外人员领导岗位，给予编外人员适当的晋升渠道，创造其施展才华的空间。岗位晋升由高到低递进，且随之调整薪酬。在事业单位工作人员公开招聘工作中，积极为那些工作年限较长、业务能力突出、业绩成果显著的优秀编外人员争取优惠政策，将其招录到编制体系内，以工作前景来增强编外人员的工作积极性和组织认同感。在日常的各项工作中做到关注编外人员，给予编外人员更多的发言权和建言权，认同其主人翁身份，让更多有能力的编外人员在公平公开的工作环境中脱颖而出，实现人才的良性竞争，促进事业单位整体效率的提高。

第四节 案例分析

一、案例详情

应届毕业生李某于 2022 年 7 月成功应聘到某事业单位工作，双方签署了三方协议，并办理了派遣手续。李某入职后在该单位从事职员工作，但单位一直未与其签订聘用合同以及缴纳各种保险。李某于同年 11 月 7 日向单位提出口头辞职，一直到 11 月 23 日从未到单位上班。该单位认为李某自提出口头辞职之日起，无正当理由连续旷工达 17 日，严重违反了该单位《考勤管理办法》第九条第三款的规定，决定辞退李某。该单位未将辞退决定送达李某，而是将辞退决定放入其档案，一起退回了学校。李某表示不服，向仲裁委员会提出仲裁申请，请求撤销单位作出的辞退决定，并要求足额补发相关福利待遇，补办各种保险。

二、案例解析

李某只是提出了口头辞职，并未按照《全民所有制事业单位专业技术人员和管理人员辞职暂行规定》的具体要求履行辞职手续。在单位没有同意其口头辞职申请的情况下，李某没有履行任何请假手续，连续17天没有上班，已经构成了事实旷工。

该单位认为李某自2022年11月7日至23日无正当理由连续旷工17天，违反了内部《考勤管理办法》第九条第三款"旷工者须扣发当日全部工资，并予以批评教育。一年内连续旷工超15个工作日或者累计超30个工作日者，予以解聘辞退或开除"的规定。事实上，李某的旷工天数为13个工作日，尚未达到该单位内部管理办法所规定的辞退标准。另外，该单位没有履行《全民所有制事业单位专业技术人员和管理人员辞职暂行规定》的送达手续，将辞退李某的决定直接放入其档案，而未送达李某本人。

根据国家关于社会保险的规定，用人单位应及时为工作人员足额缴纳各种保险，该单位未能及时按照规定为李某办理保险手续。

三、处理结果

仲裁委员会根据《人事争议处理规定》第二十二条规定对双方进行调解，双方均意识到自身行为存在着一定过错，自愿达成以下协议：

一是用人单位撤销对李某作出的辞退决定，并按照《全民所有制事业单位专业技术人员和管理人员辞职暂行规定》为其办理辞职手续。

二是用人单位为李某办理并足额缴纳其在工作期间的失业保险。

三是用人单位按规定为李某办理档案调转手续。

四、启示和思考

（一）事业单位辞退工作人员应当具有法定事由

《全民所有制事业单位专业技术人员和管理人员辞职暂行规定》第三条明确规定："单位对有下列情况之一，经教育无效的专业技术人员和管理人员，可以辞退：①连续两年岗位考核不能完成工作任务，又不服从组织另行安排或重新安排后在一年之内仍不能完成工作任务的；②单位进行撤并或缩减编制需要减员，本人拒绝组织安排的；③单位转移工作地点，本人无正当理由不愿随迁的；④无正当理由连续旷工时间超过 15 天，或一年内累计旷工时间超过 30 天的；⑤损害单位经济权益，造成严重后果以及严重违背职业道德，给单位造成极坏影响的；⑥无理取闹、打架斗殴、恐吓威胁单位领导，严重影响工作秩序和社会秩序的；⑦贪污、盗窃、赌博、营私舞弊，情节严重但不够刑事处分的；⑧违犯工作规定或操作规程，发生责任事故，造成严重经济损失的；⑨犯有其他严重错误的。"事业单位辞退工作人员必须满足这九种情形的任意一种，否则不能作为辞退的事实依据。

（二）事业单位内部规章制度可以具有一定效力

事业单位制定的内部规章制度，在不违反国家的政策、法律法规的前提下，并在单位内部进行了公示，仲裁委员会可以对其有效性予以认可，并作为裁决案件的依据。

（三）事业单位人事处理决定必须送达本人

1992 年 10 月 16 日国家人事部发布的《全民所有制事业单位专业技术人员和管理人员辞职暂行规定》第五条明确规定："辞退专业技术人员和管理人员，由单位有关行政领导提出书面意见，说明辞退理由和事实依据，经单位领导集体讨论决定后，按人事管理权限办理辞退手续、发给本人《辞退证明书》，并报同级政府人事部门备案。"在本案例中，事业单位严重违反了该规定，将辞退决定只是放入了工作人员的档案中，导致处理程序上出现重大瑕疵。

事业单位辞退工作人员，要严格遵守事实和法律依据，且应当充分重视处理决定的送达程序问题。

参考文献

［1］ Bramham J. Practical Manpower Planning ［M］. London：Management Paperbacks，1988.

［2］ Dyer L. Studying Human Resource Strategy：An Approach and An Agenda ［J］. Indstrial Rlations：A Journal of Economy and Society，1984，23（2）：156-169.

［3］ Schuler R S，Walker J W. Human Resources Strategy：Focusing on Issues and Actions ［J］. Organazational Dynamics，1990，19（1）：5-19.

［4］ Wallcer J. W. Human Resource Planning ［M］. New York：MeGraw - Hill，1980.

［5］ Wright P M，McManhan G C. Theoretical Perspectives for Strategic Human Resource Management ［J］. Journal of management，1992，18（2）：295-320.

［6］［美］鲍德威·威迪逊. 公共部门经济学（第 2 版）［M］. 邓力平，译. 北京：中国人民大学出版社，2000.

［7］［美］彼得·德鲁克. 管理的实践 ［M］. 齐若兰，译. 北京：机械工业出版社，2006.

［8］ 程达刚. 人才战略理论与方法 ［M］. 北京：党建读物出版社，2017.

［9］［英］大卫·李嘉图．政治经济学及赋税原理［M］．丰俊功，译．北京：光明日报出版社，2009．

［10］［美］道格拉斯·麦格雷戈．企业的人性面［M］．李宙，章雅倩，译．长春：北方妇女儿童出版社，2017．

［11］丁海波．浅谈事业单位人力资源培训与开发［J］．现代经济信息，2019（23）：40－41．

［12］［美］弗雷德里克·温斯洛·泰勒．科学管理原理［M］．居励，胡苏云，译．成都：四川人民出版社，2017．

［13］高茜．机关事业单位中高层人员管理优化探索［J］．中国产经，2022（12）：138－140．

［14］［法］亨利·法约尔．工业管理与一般管理［M］．王莲乔，吕衎，胡苏云，译．成都：四川人民出版社，2017．

［15］蒋洪，等．财政学教程［M］．上海：上海三联书店，1996．

［16］景朝阳．中国事业单位：基于民事主体视角的研究［M］．北京：社会科学文献出版社，2018．

［17］［美］卡尔·R. 罗杰斯．罗杰斯著作精粹［M］．刘毅，钟华，译．北京：中国人民大学出版社，2006．

［18］李燕萍，陈建安．人力资源战略与规划［M］．北京：高等教育出版社，2016．

［19］李燕萍，李锡元．人力资源管理（第2版）［M］．武汉：武汉大学出版社，2012．

［20］［英］利德尔·哈特．战略论［M］．中国人民解放军军事科学院，译．北京：中国人民解放军战士出版社，1981．

［21］刘文川．人才战略的制定与实施［M］．北京：中国人事出版社，2003．

［22］［德］马克思．1844年经济学哲学手稿［M］．中共中央马克思恩格斯列宁斯大林著作编译局，编译．北京：人民出版社，2018.

［23］［德］马克思，恩格斯．马克思恩格斯选集（第二卷）［M］．中共中央马克思恩格斯列宁斯大林著作编译局，编译．北京：人民出版社，2012.

［24］［德］马克斯·韦伯．经济与社会［M］．阎克文，译．上海：上海人民出版社，2020.

［25］［英］马歇尔．经济学原理（下册）［M］．陈良璧，译．北京：商务印书馆，1981.

［26］毛泽东．毛泽东选集（第1卷）［M］．北京：人民出版社，1991.

［27］［英］诺曼·弗林．公共部门管理［M］．曾锡环，等译．北京：中国青年出版社，2004.

［28］［美］乔治·埃尔顿·梅奥．工业文明的社会问题［M］．时勘，译．北京：机械工业出版社，2016.

［29］尚蕊．机关事业单位人事薪酬管理工作思考［J］．中国市场，2022（3）：105-106.

［30］邵冲．管理学概论（第2版）［M］．北京：中山大学出版社，2002.

［31］［日］辻清明．日本官僚制度［M］．王仲涛，译．北京：商务印书馆，2008.

［32］孙锐．新时代人才强国战略实施若干问题研究［J］．中国软科学，2022（8）：1-11.

［33］谭融．公共部门人力资源管理（第3版）［M］．天津：天津大学出版社，2017.

［34］唐宁玉，陈驰茵，黄秋风．人力资源多样化与包容性管理［M］．北京：科学出版社，2017.

［35］王建民．战略人力资源管理学［M］．北京：北京大学出版社，2009.

［36］王健．公共部门人力资源战略与管理［M］．天津：天津人民出版社，2017．

［37］王通讯．人才战略规划的制定与实施［M］．北京：党建读物出版社，2008．

［38］王通讯，李维平．人才战略论［M］．北京：党建读物出版社，2004．

［39］王玉钰，马相蕊．事业单位薪酬管理与绩效考核研究［J］．行政事业资产与财务，2022（11）：112-114．

［40］［英］威廉·配第．赋税论［M］．邱霞，原磊，译．北京：华夏出版社，2013．

［41］吴国锋．企业人力资源准备度提升的思路与方法［J］．中外企业家，2014（16）：265．

［42］武文斌．浅谈事业单位人力资源管理中的绩效考核与薪酬管理［J］．财经界，2022（16）：158-160．

［43］［美］西奥多·舒尔茨．经济增长与农业［M］．郭熙保，译．北京：中国人民大学出版社，2015．

［44］徐东华．公共部门人力资源管理［M］．北京：金城出版社，2020．

［45］［美］亚伯拉罕·马斯洛，等．人的潜能和价值［M］．张积模，江美娜，译．北京：华夏出版社，1987．

［46］［英］亚当·斯密．国民财富的性质和原因的研究［M］．郭大力，王亚南，译．北京：商务印书馆，1972．

［47］颜士梅．战略人力资源管理［M］．北京：经济管理出版社，2003．

［48］杨立青．中国文化管理体制改革的动力来源、约束条件与路径依赖［J］．云南社会科学，2013（2）：119-123．

［49］余兴安，唐志敏．人事制度改革与人才队伍建设（1978-2018）［M］．北京：中国社会科学出版社，2019．

［50］余兴安．中国事业单位发展报告（2020）［M］．北京：社会科学文献出版社，2021.

［51］［美］约瑟夫·E. 斯蒂格利茨．公共部门经济学（第 3 版）［M］．郭庆旺，杨志勇，刘晓路，张德勇，译．北京：中国人民大学出版社，2005.

［52］［美］詹姆斯·W. 沃克．人力资源战略［M］．吴雯芳，译．北京：中国人民大学出版社，2001.

［53］张凤林．人力资本理论及其应用研究［M］．北京：商务印书馆，2022.

［54］赵倩．对事业单位人力资源管理中薪酬管理的创新研究［J］．经济师，2022（8）：264-265，268.

［55］赵顺龙．企业战略管理（第 3 版）　［M］．北京：经济管理出版社，2022.

后　记

　　以研究的视角来解读包括自身在内的人力资源开发管理，主体我与客体我相互作用、相互影响，微妙且有趣。

　　第一次对"人"有深入思考，是在 2003 年备战考研时。作为一名跨专业考生，要用最短的时间学透专业知识，理解劳动者经济主体地位的内涵及外延，从那时起我的内心就种下了"人本"思想的种子。

　　种下思想的种子，就会收获行动的果实。2010 年，我初入人力资源行业，此后的十几年，便与"人"的工作结下了不解之缘。我的职业被称为"HR"，这份工作做起来并不容易，想要做好就更难。在与人打交道、为人民服务的过程中，我尊重劳动者并全心全意为他们服务的初心和使命始终没有变过，并且会历久弥坚。

　　人力资源的重要性早已不言而喻。事业单位的人力资源管理与开发，既有共性，又有其特殊性。遗憾的是，由于自己研究能力和投入精力有限，本书在事业单位人力资源的特殊性方面研究得还不够透彻，对不同类型的事业单位的研究不够深入，难免有时会以偏概全，还有很多问题需要在今后的工作实践和理论学习中去不断探索。

　　本书在写作过程中参阅和引用了许多学者、前辈的研究成果，在此向他们表示衷心的感谢。感谢家人对我一直以来的宽爱和支持。

薛晓辉

2023 年元月